LIVRE DE RECETTES DE GAUFRES ET DE CRÊPES CROUSTILLANTES ET EMPILÉES

100 DÉLICES MOELLEUX ET DORÉS POUR LE PETIT-DÉJEUNER ET AU-DELÀ

Zélie Laurent

Tous droits réservés.

Clause de non-responsabilité

Les informations contenues dans ce livre électronique sont destinées à servir de recueil complet de stratégies sur lesquelles l'auteur de ce livre électronique a fait des recherches. Les résumés, stratégies, trucs et astuces ne sont que des recommandations de l'auteur, et la lecture de ce livre électronique ne garantit pas que les résultats de chacun refléteront exactement les résultats de l'auteur. L'auteur du livre électronique a fait tous les efforts raisonnables pour fournir des informations actuelles et précises aux lecteurs du livre électronique. L'auteur et ses associés ne seront pas tenus responsables de toute erreur ou omission involontaire qui pourrait être trouvée. Le contenu du livre électronique peut inclure des informations provenant de tiers. Les documents tiers comprennent des opinions exprimées par leurs propriétaires. En tant que tel, l'auteur du livre électronique n'assume aucune responsabilité pour tout matériel ou opinion de tiers. Que ce soit en raison de la progression d'Internet ou des changements imprévus dans la politique de l'entreprise et les directives de soumission éditoriale, ce qui est énoncé comme un fait au moment de la rédaction de ce document peut devenir obsolète ou inapplicable par la suite.

Le livre électronique est protégé par le droit d'auteur © 2024 avec tous les droits réservés. Il est illégal de redistribuer, de copier ou de créer des œuvres dérivées de ce livre électronique en tout ou en partie. Aucune partie de ce rapport ne peut être reproduite ou retransmise sous quelque forme que ce soit sans l'autorisation écrite expresse et signée de l'auteur.

TABLE DES MATIÈRES

TABLE DES MATIÈRES..4
INTRODUCTION..8
GAUFRES...10

1. Muffins aux myrtilles et à la cannelle......................11
2. Gaufrettes au jambon et au fromage fondu.............14
3. Galettes de pommes de terre gaufrées au romarin.....18
4. Quesadillas gaufrées au piment vert.......................21
5. Sandwich cubain gaufré...23
6. Croque Madame Gaufré..26
7. Burger gaufré classique au fromage.........................30
8. Champignons Portobello gaufrés..............................33
9. Filet mignon gaufré..36
10. Pain perdu fourré au chocolat................................40
11. Spaghetti et boulettes de viande gaufrées..............43
12. Macaroni au fromage gaufré...................................48
13. Waviolis au fromage grillé......................................51
14. Gnocchis gaufrés à la patate douce........................55
15. Pierogi aux pommes de terre pressées et au fromage 60
16. Falafel gaufré et houmous......................................65
17. Salade niçoise au thon gaufré.................................68
18. Croquettes de crabe entrecroisées..........................73
19. Crabe à carapace molle gaufré................................77
20. Tarte aux tamales gaufrées.....................................80
21. Migas mexicaines gaufrées.....................................84
22. Wontons aux crevettes gaufrées.............................87
23. Arancini gaufrés au fromage...................................91
24. Beignets de courgettes et parmesan.......................95
25. Tostones gaufrés..98

26. Frites gaufrées..102
27. Rondelles d'oignon gaufrées................................105
28. Biscuits à l'avoine gaufrés..................................108
29. Gaufre à la crème glacée Red Velvet....................111
30. Pain aux bananes gaufré....................................116
31. Gaufrettes S'mores...120
32. Gaufres au babeurre et à la semoule de maïs......123
33. Gaufres au chocolat...126
34. Gaufres à la rhubarbe pochée.............................130
35. Gaufres soufflées aux trois fromages...................134
36. Gaufres au babeurre..137
37. Gaufres belges..140
38. Gaufres multigrains..144
39. Gaufres au sarrasin..147
40. Gaufres aux fruits et sirop d'érable.....................150
41. Gaufres à la polenta et à la ciboulette................153
42. Gaufres au fromage épicé..................................156
43. Poulet et gaufres...159
44. Gaufres au citron et aux graines de pavot...........163
45. Gaufres à la ricotta et aux framboises................166
46. Gaufres à la banane..169
47. Gaufres au chocolat..172
48. Gaufres à la cannelle et au sucre.......................175
49. Gaufres au shortcake aux fraises.......................178

CRÊPES..181

50. Crêpes au velours rouge....................................182
51. Crêpes au chocolat noir.....................................186
52. Pancakes à l'ananas à l'envers..........................191
53. Crêpes au citron meringué.................................195
54. Crêpes à la cannelle..199
55. Crêpes au kéfir..204
56. Crêpes au fromage blanc...................................208
57. Crêpes à l'avoine...211

58. Crêpes à 3 ingrédients..215
59. Crêpes au beurre d'amandes..............................218
60. Crêpes au tiramisu...222
61. Pancakes aux myrtilles et au citron....................226
62. Crêpes au quinoa...230
63. Crêpes à l'avoine et au yaourt grec....................234
64. Crêpes au pain d'épices..237
65. Crêpes au yaourt grec...241
66. Crêpes aux flocons d'avoine et aux raisins secs....244
67. Pancakes au beurre de cacahuète et à la confiture.248
68. Crêpes au bacon..251
69. Pancakes aux framboises et aux amandes..............255
70. Pancakes aux cacahuètes, banane et chocolat........259
71. Pancakes à la vanille et à la noix de coco..............263
72. Pancakes au chocolat, à la noix de coco et aux amandes..268
73. Crêpes au shortcake aux fraises..........................272
74. Pancakes au beurre de cacahuète......................276
75. Crêpes mexicaines au chocolat...........................280
76. Crêpes surprises d'anniversaire..........................283
77. Crêpes monstres vertes..286
78. Pancakes à la vanille et au matcha.....................290
79. Crêpes à la piña colada..294
80. Pancakes aux cerises et aux amandes...............297
81. Pancakes au citron vert..301
82. Crêpes aux épices de citrouille...........................304
83. Pancakes au chocolat et à la banane.................308
84. Pancakes à la vanille et aux amandes................312
85. Crêpes funky au singe...315
86. Crêpes à la vanille..318
87. Pancakes aux myrtilles et à la mangue...............322
88. Crêpes au moka...325
89. Crêpes au chai...329
90. Crêpes au gâteau aux carottes............................333

91. Pancakes à la banane et au miel..................337
92. Pancakes à la banane et aux myrtilles...................340
93. Pancakes aux pommes et à la cannelle..................343
94. Crêpes au cheesecake aux fraises..........................346
95. Crêpes aux myrtilles..349
96. Pancakes à la fraise et à la banane.......................353
97. Crêpes aux pêches et à la crème............................356
98. Crêpes au pain aux bananes..................................359
99. Crêpes tropicales...362
100. Crêpes parfaites...366

CONCLUSION..369

INTRODUCTION

Décider de se laisser tenter par la douceur des crêpes ou des gaufres au petit-déjeuner peut être un défi pour beaucoup.

Bien sûr, en tant que repas le plus important de la journée, le petit-déjeuner que vous choisissez doit vous fournir l'énergie nécessaire à vos activités quotidiennes.

Les crêpes et les gaufres sont deux options polyvalentes qui peuvent être dégustées avec un assortiment de garnitures sucrées et salées.

Malgré les similitudes entre les façons de les consommer et les ingrédients utilisés pour les préparer, les crêpes et les gaufres ne sont pas identiques.

Les crêpes parfaitement cuites doivent avoir un bord croustillant et un centre moelleux. Les gaufres, en revanche, ont un extérieur croustillant et un centre moelleux.

Elles sont également visiblement différentes. Les crêpes ont toujours tendance à être rondes, tandis que les gaufres peuvent être rondes ou carrées.

Si vous êtes curieux de savoir ce qui différencie les gaufres et les crêpes, ce livre est pour vous !

GAUFRES

1. Muffins aux myrtilles et à la cannelle

RENDEMENT : Environ 16 moufles

Ingrédients

- 2 tasses de farine tout usage
- ¼ tasse de sucre granulé
- 1 cuillère à café de cannelle moulue
- ½ cuillère à café de sel
- 2 cuillères à café de levure chimique
- 2 tasses de lait, à température ambiante
- 8 cuillères à soupe (1 bâton) de beurre non salé, fondu
- 2 gros œufs
- 1 tasse de bleuets sauvages surgelés
- Spray de cuisson antiadhésif

Instructions

a) Préchauffer le gaufrier à feu moyen.

b) Dans un bol de taille moyenne, mélanger la farine, le sucre, la cannelle, le sel et la levure chimique.

c) Dans un grand bol, mélanger le lait, le beurre et les œufs et fouetter jusqu'à ce que le tout soit bien mélangé.

d) Ajoutez les ingrédients secs au mélange de lait et fouettez jusqu'à ce qu'ils soient bien mélangés.

e) Incorporez les myrtilles et remuez doucement pour les répartir uniformément.

f) Enduisez les deux côtés de la grille du gaufrier d'un spray antiadhésif et versez environ ¼ de tasse du mélange dans chaque section du gaufrier. Fermez le couvercle et laissez cuire pendant 4 minutes ou jusqu'à ce que les gaufres soient légèrement dorées.

g) Retirez les gaufriers du gaufrier et laissez-les refroidir légèrement sur une grille. Répétez l'étape 6 avec le reste de pâte.

h) Servir chaud.

2. Gaufrettes au jambon et au fromage fondu

RENDEMENT : Pour 1 personne

Ingrédients

- 1 cuillère à soupe de beurre non salé, à température ambiante
- 2 tranches de pain de mie
- 2 onces de fromage Gruyère, tranché
- 3 onces de jambon Forêt-Noire, tranché
- 1 cuillère à soupe de beurre d'érable

Instructions

a) Préchauffer le gaufrier à basse température.

b) Étalez une fine couche uniforme de beurre sur un côté de chaque morceau de pain.

c) Empilez le fromage et le jambon sur le côté non beurré d'une tranche de pain et placez le sandwich ouvert dans le gaufrier aussi loin que possible de la charnière.

d) Posez la deuxième tranche de pain dessus, côté beurré vers le haut, et fermez le gaufrier.

e) Vérifiez le sandwich après 3 minutes. À mi-cuisson, vous devrez peut-être faire pivoter le sandwich de 180 degrés pour assurer une pression et une cuisson uniformes.

f) Si vous le souhaitez, vous pouvez appuyer légèrement sur le couvercle du gaufrier pour compacter le sandwich, mais faites-le avec précaution, car le couvercle peut être très chaud. Retirez le sandwich du gaufrier lorsque le pain est doré et que le fromage est fondu.

g) Étalez le beurre d'érable sur l'extérieur du sandwich. Coupez-le en deux en diagonale et servez.

3. Galettes de pommes de terre gaufrées au romarin

RENDEMENT : Pour 2 personnes

Ingrédients

- 1 pomme de terre rousse (à cuire), environ 10 onces, pelée et râpée
- ½ cuillère à café de romarin frais finement haché ou 1 cuillère à café de romarin séché
- ¼ cuillère à café de sel
- ½ cuillère à café de poivre noir fraîchement moulu
- 1 cuillère à café de beurre non salé, fondu
- Fromage râpé, crème sure ou ketchup, pour servir

Instructions

a) Préchauffer le gaufrier à feu moyen.

b) Pressez la pomme de terre râpée avec une serviette jusqu'à ce qu'elle soit aussi sèche que possible.

c) Dans un bol, mélanger les pommes de terre râpées, le romarin, le sel et le poivre.

d) À l'aide d'un pinceau en silicone, étalez le beurre sur les deux faces du gaufrier.

e) Mettez les pommes de terre râpées dans le gaufrier (remplis un peu trop le gaufrier) et fermez le couvercle.

f) Après 2 minutes, appuyez un peu sur le couvercle pour comprimer davantage les pommes de terre.

g) Vérifiez les pommes de terre au bout de 10 minutes. Elles devraient commencer à dorer par endroits.

h) Lorsque les pommes de terre sont bien dorées, 1 à 2 minutes de plus, retirez-les délicatement du gaufrier.

i) Servir avec du fromage râpé, de la crème sure ou du ketchup.

4. Quesadillas gaufrées au piment vert

RENDEMENT : Donne 2 quesadillas

Ingrédients

- Spray de cuisson antiadhésif
- 4 tortillas à la farine
- 1 tasse de fromage râpé de style mexicain, comme le queso Chihuahua ou le Monterey Jack
- $\frac{1}{4}$ tasse de piments verts en conserve hachés

Instructions

a) Préchauffez le gaufrier à feu moyen. Enduisez les deux côtés de la grille du gaufrier d'un spray antiadhésif.

b) Placez une tortilla sur le gaufrier et, en prenant garde car le gaufrier est chaud, étalez la moitié du fromage et la moitié des piments verts uniformément sur la tortilla, en laissant une marge d'environ un pouce autour du bord de la tortilla. Recouvrez d'une autre tortilla et fermez le gaufrier.

c) Vérifiez la cuisson de la quesadilla au bout de 3 minutes. Lorsque le fromage est fondu et que la tortilla présente des marques de gaufres dorées, elle est prête. Retirez la quesadilla du gaufrier.

5. Sandwich cubain gaufré

RENDEMENT : Pour 2 personnes

Ingrédients

- 1 pain croustillant pour sandwich ou pain ciabatta individuel
- 1 cuillère à soupe de moutarde jaune
- 3 onces de jambon cuit, tranché finement
- 3 onces de longe de porc cuite, tranchée finement
- 3 onces de fromage suisse, tranché finement
- 2 cornichons à l'aneth, finement tranchés dans le sens de la longueur

Instructions

a) Préchauffer le gaufrier à basse température.

b) Coupez le pain en deux moitiés, creusez-le un peu pour faire de la place pour la viande et étalez la moutarde sur les deux tranches. Assemblez le jambon, la longe de porc, le fromage et les cornichons entre les morceaux de pain.

c) Appuyez sur le sandwich pour le compacter un peu et placez-le dans le gaufrier, le plus loin possible de la charnière.

d) Fermez le couvercle du gaufrier et laissez cuire pendant 5 minutes. À mi-cuisson, vous devrez peut-être faire pivoter le sandwich de 180 degrés pour assurer une pression et une cuisson uniformes. Si vous le souhaitez, vous pouvez appuyer légèrement sur le couvercle du gaufrier pour compacter le sandwich, mais faites-le avec précaution, car le couvercle pourrait être très chaud.

e) Retirez le sandwich du gaufrier lorsque le fromage est bien fondu. Coupez le sandwich en deux ou en diagonale et servez.

6. Croque Madame Gaufré

RENDEMENT : Pour 6 personnes maximum

Ingrédients

- 1 morceau de pâte à croissant ou de pâte à brioche
- 1 cuillère à soupe de beurre non salé, fondu
- 3 cuillères à soupe de sauce béchamel
- 2 tranches de jambon Forêt-Noire
- ¼ tasse de fromage Gruyère râpé
- 1 gros œuf

Instructions

a) Préchauffer le gaufrier à feu moyen.

b) Coupez le morceau de pâte en deux pour former deux triangles. Façonnez les triangles en un carré de 10 à 12 cm de côté et pressez doucement les bords ensemble.

c) À l'aide d'un pinceau en silicone, enduisez les deux côtés d'une section du gaufrier avec le beurre fondu, placez la pâte sur cette section du gaufrier, fermez le couvercle et faites cuire la pâte jusqu'à ce qu'elle soit dorée, environ 3 minutes.

d) Retirez la pâte du gaufrier et transférez-la sur une planche à découper ou une assiette.

e) Versez la sauce béchamel sur la pâte à gaufres. (La sauce s'accumulera principalement dans les creux.) Ensuite, disposez le jambon par-dessus. Saupoudrez le fromage râpé sur le dessus. Placez la pile assemblée dans le gaufrier et fermez le couvercle pendant 10 secondes pour faire fondre le fromage et marier les couches. Retirez la pile du gaufrier.

f) Cassez un œuf dans une petite tasse ou un ramequin. Cela vous permettra de contrôler la façon dont l'œuf atterrit sur le gaufrier. Badigeonnez le reste de beurre fondu sur la grille inférieure d'une section du gaufrier et versez l'œuf sur cette section. Faites cuire, sans fermer le couvercle, jusqu'à ce que le blanc soit pris, environ 1 minute, et continuez la cuisson jusqu'à ce que le jaune soit un peu pris, 1 ou 2 minutes.

g) Pour retirer l'œuf intact, utilisez une spatule coudée ou une paire de spatules en silicone résistantes à la chaleur pour le décoller de la grille du gaufrier. Détachez d'abord les bords, puis soulevez l'œuf en le soutenant autant que possible par le dessous.

h) Garnissez le sandwich avec l'œuf et servez chaud.

7. Burger gaufré classique au fromage

RENDEMENT : Pour 4 personnes

Ingrédients

- Spray de cuisson antiadhésif
- 1 livre de boeuf haché
- ½ cuillère à café de sel
- 1 cuillère à café de poivre noir fraîchement moulu
- 4 tranches de fromage américain, cheddar ou gruyère (facultatif)
- 4 pains à hamburger du commerce ou faits maison
- Ketchup, moutarde, laitue, tomate et cornichons, pour servir

Instructions

a) Préchauffez le gaufrier à feu moyen. Enduisez les deux côtés de la grille du gaufrier d'un spray antiadhésif.

b) Assaisonnez le bœuf avec le sel et le poivre et formez-le en 4 galettes, chacune ayant à peu près la forme des petits pains.

c) Placez autant de galettes que possible dans le gaufrier, fermez le couvercle et faites cuire jusqu'à ce que le bœuf atteigne une température interne de 160 °F sur un thermomètre à lecture instantanée, soit 3 minutes.

d) Une fois les galettes cuites, retirez-les du gaufrier. Si vous souhaitez un gaufrier au fromage, laissez une galette dans le gaufrier, recouvrez-la de fromage et fermez le couvercle pour gaufrer très brièvement, environ 5 secondes.

e) Répétez les étapes 3 et 4 avec les galettes restantes.

f) Servir sur un petit pain avec du ketchup, de la moutarde, de la laitue, des tomates et des cornichons.

8. Champignons Portobello gaufrés

RENDEMENT : Pour 1 personne

Ingrédients

- $\frac{1}{4}$ tasse d'huile d'olive extra vierge
- $\frac{1}{4}$ tasse d'huile à saveur neutre, comme l'huile de canola
- 1 cuillère à soupe d'herbes italiennes (ou 1 cuillère à café de romarin séché, de basilic séché et d'origan séché)
- $\frac{1}{4}$ cuillère à café de sel
- $\frac{1}{4}$ cuillère à café de poivre noir fraîchement moulu
- 2 champignons portobello, tiges cassées et jetées

Instructions

1. Dans un bol peu profond ou un plat creux, mélanger les huiles, les herbes, le sel et le poivre. Remuer pour répartir uniformément les herbes.
2. Pour préparer les champignons, retirez les lamelles avec une cuillère et essuyez le chapeau du champignon avec une serviette en papier humide pour enlever toute saleté.
3. Placez les chapeaux de champignons dans le mélange d'huile et laissez mariner pendant au moins 30 minutes, en les retournant à mi-cuisson.
4. Préchauffer le gaufrier à feu moyen.
5. Placez les champignons, chapeau vers le haut, dans le gaufrier et fermez le couvercle.
6. Vérifiez la cuisson des champignons au bout de 5 minutes. Les chapeaux doivent être tendres et bien cuits. Retirez les champignons du gaufrier et servez.

9. Filet mignon gaufré

RENDEMENT : Pour 2 personnes

Ingrédients

- 2 cuillères à café de gros sel de mer ou de sel casher
- 2 cuillères à café de poivre noir fraîchement moulu
- 8 onces de filet mignon, environ $1\frac{1}{2}$ pouce d'épaisseur
- Spray de cuisson antiadhésif

Instructions

a) Préchauffer le gaufrier à feu vif.
b) Versez le sel et le poivre dans une assiette, mélangez pour répartir uniformément et enrobez le steak avec le mélange des deux côtés.
c) Enduisez les deux côtés de la grille du gaufrier d'un spray antiadhésif. Placez le steak sur le gaufrier aussi loin que possible de la charnière. (Cela permet au couvercle d'appuyer plus uniformément sur la viande.) Fermez le couvercle et laissez cuire pendant 8 minutes.
d) Si vous avez un thermomètre à lecture instantanée, vérifiez la température du steak après 8 minutes. Pour un steak cuit à point, la température doit être de 140 °F. (Une température de 130 °F vous donnera un steak mi-saignant ; 155 °F est bien cuit.)
e) Retirez le steak et placez-le sur une planche à découper. Laissez le gaufrier allumé, au cas où vous auriez besoin de cuire le steak un peu plus.
f) Laissez reposer le steak pendant quelques minutes avant de le couper en deux et de vérifier la cuisson. Si vous êtes satisfait de la cuisson, éteignez le gaufrier et servez.

g) Si vous le souhaitez moins saignant, remettez-le dans le gaufrier et vérifiez la cuisson après une minute. Laissez reposer le steak une fois de plus avant de le servir.

10. Pain perdu fourré au chocolat

RENDEMENT : Pour 2 personnes

Ingrédients

- 2 gros œufs
- ½ tasse de lait
- ¼ cuillère à café d'extrait de vanille pure
- Une pincée de sel
- 4 tranches de pain
- Spray de cuisson antiadhésif
- ½ tasse de pépites de chocolat
- 1 cuillère à soupe de beurre fouetté
- Sucre en poudre, au goût

Instructions

a) Préchauffer le gaufrier à feu vif. Préchauffer le four à feu doux.

b) Dans un moule à tarte ou un plat creux, fouettez ensemble les œufs, le lait, la vanille et le sel.

c) Placez 2 tranches de pain dans le mélange d'œufs et laissez-les tremper jusqu'à ce qu'elles aient absorbé une partie du liquide, pendant 30 secondes. Retournez les tranches et laissez-les tremper pendant 30 secondes supplémentaires.

d) Enduisez les deux côtés de la grille du gaufrier d'un spray antiadhésif. Placez une tranche de pain trempé sur le gaufrier et empilez un peu moins de la moitié des pépites de chocolat sur la tranche. Recouvrez de la deuxième tranche de pain trempé, fermez le gaufrier et faites cuire jusqu'à ce que le pain soit doré et que le chocolat soit fondu, 3 à 4 minutes. Il ne doit rester aucune trace de mélange d'œufs non cuits.

e) Retirez le pain perdu du gaufrier et répétez les étapes 3 et 4 pour préparer le deuxième lot. Placez le pain perdu fini au four pour le garder au chaud.

f) Coupez le pain perdu en quartiers. Ouvrez la « poche » de chaque quartier et remplissez l'ouverture avec les pépites de chocolat restantes. La chaleur résiduelle fera fondre le chocolat.

g) Recouvrir chaque portion de beurre fouetté et saupoudrer de sucre glace avant de servir.

11. Spaghetti et boulettes de viande gaufrées

RENDEMENT : Pour 4 personnes

Ingrédients

Sauce marinara et pâtes :
- 4 gousses d'ail, non pelées
- 2 cuillères à soupe d'huile d'olive extra vierge, plus pour servir
- 2 boîtes (28 onces chacune) de tomates prunes entières
- $\frac{1}{4}$ cuillère à café de flocons de piment rouge
- Sel et poivre noir fraîchement moulu, au goût
- 12 onces de spaghetti

Boulettes de viande gaufrées :
- 1 livre de bœuf haché maigre ou de dinde
- 10 onces d'épinards hachés surgelés, décongelés et essorés
- 1 gros œuf légèrement battu
- $\frac{1}{4}$ tasse de chapelure nature
- $\frac{1}{4}$ tasse d'oignon finement haché
- $\frac{1}{4}$ tasse de parmesan râpé, plus pour servir
- 2 gousses d'ail hachées
- $\frac{1}{2}$ cuillère à café de sel
- Spray de cuisson antiadhésif

Instructions

a) Préparez la sauce marinara : coupez chaque gousse d'ail en deux et aplatissez-la avec le côté plat d'une lame de couteau, en appuyant avec la paume de la main pour écraser l'ail. Retirez la peau de l'ail. (Elle devrait se détacher facilement.)

b) Mettez les 2 cuillères à soupe d'huile d'olive et les gousses d'ail écrasées dans une grande casserole à feu moyen-doux. Faites cuire jusqu'à ce que l'ail soit parfumé et commence à dorer, environ 3 minutes.

c) Pendant que l'ail cuit, égouttez partiellement les tomates en ne versant que le liquide qui se trouve en haut de la boîte. Utilisez une fourchette ou des ciseaux de cuisine pour déchirer les tomates en gros morceaux irréguliers dans la boîte.

d) Ajoutez les tomates et les flocons de piment rouge dans la casserole, en prenant soin d'éviter les éclaboussures lorsque les tomates entrent en contact avec l'huile chaude.

e) Laissez cuire à feu moyen jusqu'à ce que la sauce commence à bouillonner, environ 5 minutes. Laissez mijoter à feu moyen-doux, en remuant de temps en temps, jusqu'à ce que les tomates se décomposent, 45 minutes. Vous devriez obtenir une sauce épaisse et quelque peu grumeleuse. Goûtez et rectifiez l'assaisonnement en ajoutant du sel et du poivre.

f) Préparez les pâtes : Portez une grande casserole d'eau à ébullition à feu vif.

g) Préchauffer le gaufrier à feu moyen. Préchauffer le four à feu doux.

h) Pendant que la sauce mijote et que l'eau des pâtes arrive à ébullition, préparez les boulettes de viande : dans un grand bol, mélangez tous les ingrédients des boulettes de viande, à l'exception du spray de cuisson, et mélangez bien.

i) Façonnez le mélange en 16 boules et placez-les sur une planche à découper recouverte de papier ciré ou de papier sulfurisé.

j) Ajoutez les spaghettis à l'eau bouillante et faites-les cuire selon les instructions sur l'emballage. Égouttez-les et gardez-les au chaud.

k) Enduisez les deux côtés de la grille du gaufrier d'un spray antiadhésif. Placez autant de boulettes de viande que possible sur le gaufrier, en laissant un peu d'espace pour que chacune puisse s'étendre une fois aplatie.

l) Fermez le couvercle et laissez cuire jusqu'à ce que les boulettes soient dorées à l'extérieur et bien cuites, soit 6 minutes. Vous devrez peut-être en couper une pour vous assurer qu'aucune trace de rosé ne reste. Si vous avez un thermomètre à lecture instantanée, le bœuf devrait être à au moins 160 °F et la dinde à au moins 165 °F.

m) Retirez les boulettes de viande du gaufrier. Répétez les étapes 11 et 12 pour cuire les boulettes de viande restantes. Si les autres composants ne sont pas encore prêts, gardez les boulettes de viande au chaud dans le four préchauffé.

n) Servez une généreuse portion de pâtes avec 4 boulettes de viande gaufrées, nappées de sauce. Arrosez d'huile d'olive extra vierge et saupoudrez de parmesan. Servez la sauce supplémentaire à table.

12. Macaroni au fromage gaufré

RENDEMENT : Pour 8 personnes

Ingrédients

- Macaroni et fromage préparés
- 2 gros œufs
- Une pincée de sel et de poivre noir fraîchement moulu
- 1 tasse de farine tout usage
- 1 tasse de chapelure assaisonnée
- $\frac{1}{4}$ tasse de fromage dur râpé, comme du parmesan ou du pecorino romano
- Spray de cuisson antiadhésif

Instructions

a) Coupez les macaronis au fromage en tranches d'environ 1,27 cm d'épaisseur.
b) Préchauffer le gaufrier à feu moyen. Préchauffer le four à feu doux.
c) Dans un petit bol, battez l'œuf avec une pincée de sel et de poivre.
d) Préparez 3 assiettes creuses. Versez la farine dans la première. Dans la deuxième, mettez les œufs battus. Dans la troisième, mélangez la chapelure avec le fromage.

e) Prenez une tranche de macaroni au fromage et, en la manipulant délicatement, enrobez les deux côtés de farine. Trempez ensuite les deux côtés dans l'œuf. Enfin, enrobez les deux côtés de chapelure en appuyant sur le mélange pour qu'il adhère. Réservez la tranche et répétez l'opération avec les tranches restantes.

f) Enduisez les deux côtés de la grille du gaufrier d'un spray antiadhésif. Placez les tranches de macaroni au fromage dans le gaufrier, fermez le couvercle et faites cuire jusqu'à ce qu'elles soient bien chaudes et dorées, 3 minutes.

g) Le processus d'extraction peut être délicat. À l'aide d'une spatule en silicone, détachez les bords des macaronis au fromage. Utilisez la spatule pour retirer délicatement les macaronis au fromage du gaufrier, puis soutenez le fond avec la spatule pendant que vous le soulevez avec des pinces.

h) Répétez les étapes 5 à 7 jusqu'à ce que tous les macaronis au fromage soient gaufrés. Gardez les macaronis au fromage finis au chaud dans le four.

13. Waviolis au fromage grillé

RENDEMENT : Pour 2 personnes

Ingrédients

- $\frac{1}{2}$ tasse de lait
- 1 gros œuf
- 1 cuillère à soupe d'huile d'olive extra vierge
- 1 tasse de chapelure assaisonnée
- $\frac{1}{2}$ cuillère à café de sel
- $\frac{1}{2}$ cuillère à café de poudre d'ail
- $\frac{1}{2}$ livre de raviolis au fromage, réfrigérés
- Spray de cuisson antiadhésif
- 1 tasse de sauce marinara

Instructions

a) Préchauffer le gaufrier à feu moyen. Recouvrir une plaque à pâtisserie de papier sulfurisé et la réserver. Préchauffer le four à feu doux.

b) Dans un petit bol, fouettez ensemble le lait, l'œuf et l'huile d'olive.

c) Dans un autre petit bol, mélanger la chapelure, le sel et la poudre d'ail.

d) Trempez d'abord les raviolis dans le mélange de lait, en enrobant les deux côtés, puis trempez-les dans le mélange de chapelure, en appuyant sur le mélange pour qu'il colle. Placez les raviolis enrobés sur la plaque de cuisson préparée.

e) Enduire les deux côtés de la grille du gaufrier d'un spray antiadhésif. Chauffer la sauce marinara dans une petite casserole à feu moyen ou au micro-ondes pendant 1 minute.

f) Placez autant de raviolis que possible dans le gaufrier, fermez le couvercle et faites cuire pendant 2 minutes ou jusqu'à ce qu'ils soient croustillants et grillés.

g) Retirez les raviolis du gaufrier et répétez l'étape 6 avec les raviolis restants. Gardez les raviolis finis au chaud dans le four.

h) Servir avec la sauce marinara en trempette.

14. Gnocchis gaufrés à la patate douce

Donne environ 60 gnocchis

Ingrédients

- 1 grosse pomme de terre à cuire (comme la Russet) et 1 grosse patate douce (environ $1\frac{1}{2}$ livre au total)
- $1\frac{1}{4}$ tasse de farine tout usage, plus pour fariner le plan de travail
- $\frac{1}{2}$ tasse de parmesan râpé
- 1 cuillère à café de sel
- $\frac{1}{2}$ cuillère à café de poivre noir fraîchement moulu
- Pincée de noix de muscade râpée (facultatif)
- 1 gros œuf battu
- Spray de cuisson antiadhésif ou beurre fondu
- Sauce au pesto ou à la sauge gaufrée et au beurre

Instructions

a) Préchauffer le four à 350°F.

b) Faites cuire les pommes de terre jusqu'à ce qu'elles soient faciles à percer avec une fourchette, environ une heure. Laissez les pommes de terre refroidir légèrement, puis épluchez-les.

c) Passez les pommes de terre au moulin à légumes ou au presse-purée ou râpez-les sur les gros trous d'une râpe à boîte et dans un grand bol.

d) Ajoutez les $1\frac{1}{4}$ tasses de farine aux pommes de terre et utilisez vos mains pour les mélanger, en brisant les grumeaux de pommes de terre au passage. Saupoudrez le fromage, le sel, le poivre et la muscade sur la pâte et pétrissez légèrement pour répartir uniformément.

e) Une fois la farine et les pommes de terre mélangées, faites un puits au centre du bol et ajoutez l'œuf battu. À l'aide de vos doigts, travaillez l'œuf dans la pâte jusqu'à ce qu'elle commence à se former. Elle sera légèrement collante.

f) Sur une surface légèrement farinée, pétrissez doucement la pâte plusieurs fois pour la rassembler. Elle doit être humide, mais pas mouillée et collante. Si elle est trop collante, ajoutez 1 cuillère à soupe de farine à la fois, jusqu'à ¼ de tasse. Roulez la pâte en bûche et coupez-la en 4 morceaux.

g) Enroulez chaque morceau en une corde d'environ le diamètre de votre pouce, puis utilisez un couteau bien aiguisé pour couper en segments de 1 pouce.

h) Préchauffez le gaufrier à feu moyen. Enduisez les deux côtés de la grille du gaufrier d'un spray antiadhésif ou beurrez les grilles à l'aide d'un pinceau à pâtisserie en silicone. Baissez la température du four à son niveau le plus bas et réservez une plaque de cuisson pour garder les gnocchis cuits au chaud.

i) Secouez délicatement les gnocchis pour éliminer toute farine résiduelle et placez-en un lot sur le gaufrier, en laissant un peu d'espace pour que chacun puisse se développer.

j) Fermez le couvercle et laissez cuire jusqu'à ce que les marques de la grille sur les gnocchis soient dorées, 2 minutes. Répétez l'opération avec les gnocchis restants, en gardant les gnocchis cuits au chaud sur la plaque de cuisson dans le four.

k) Servir chaud avec une sauce pesto ou une sauce gaufrée à la sauge et au beurre.

15. Pierogi aux pommes de terre pressées et au fromage

RENDEMENT : Pour 4 personnes

Ingrédients

Pâte:
- $2\frac{1}{4}$ tasses de farine tout usage, plus pour saupoudrer la surface de travail si nécessaire
- $\frac{1}{2}$ cuillère à café de sel
- 2 gros œufs
- ⅓ tasse d'eau, ou plus selon les besoins

Remplissage:
- 1 livre de pommes de terre Russet (à cuire), pelées et coupées en cubes de 1 pouce
- $\frac{1}{2}$ tasse de fromage cheddar râpé
- 2 cuillères à soupe de beurre non salé
- 1 cuillère à café de sel
- 1 cuillère à café de poivre noir fraîchement moulu
- Spray de cuisson antiadhésif

Instructions

a) Préparez la pâte : Dans un grand bol, mélangez les 2¼ tasses de farine et le sel.

b) Dans un petit bol, battez les œufs et ⅓ tasse d'eau ensemble. Ajoutez les œufs au mélange de farine et mélangez la pâte avec une cuillère en bois ou vos mains jusqu'à ce qu'elle puisse être façonnée en boule.

c) Enveloppez la boule de pâte dans une pellicule plastique et placez-la au réfrigérateur pendant 30 minutes.

d) Pendant ce temps, préparez la garniture : placez les pommes de terre dans une casserole de taille moyenne, couvrez-les d'eau froide et portez à ébullition, à couvert, à feu moyen-vif. Une fois que l'eau bout, retirez le couvercle et laissez mijoter les pommes de terre à feu doux jusqu'à ce qu'elles soient tendres et faciles à percer avec un couteau, environ 10 minutes. Égouttez les pommes de terre dans une passoire.

e) Transférez les pommes de terre dans un grand bol et écrasez-les avec le fromage râpé, le beurre, le sel et le poivre.

Laissez refroidir le mélange à température ambiante.

f) Saupoudrez généreusement un plan de travail de farine et façonnez la pâte refroidie en un rouleau d'environ 24 pouces de long.

g) Coupez la pâte en 24 portions égales et formez une boule avec chaque portion de pâte.

h) Aplatissez une boule de pâte avec vos mains. À l'aide d'un rouleau à pâtisserie, étalez la pâte en un cercle grossier et rendez-la aussi fine que possible tout en la gardant facile à manipuler. Placez une cuillère à café pleine de garniture au centre, en laissant une bordure d'un demi-pouce maximum. Pliez les pierogi en deux et pincez les bords avec une fourchette.

i) Posez les pierogi finis sur une surface farinée, couvrez-les d'une pellicule plastique ou d'une serviette propre non pelucheuse et répétez l'opération avec le reste de la pâte et de la garniture.

j) Préchauffer le gaufrier à feu moyen. Préchauffer le four à feu doux.

k) Enduisez les deux côtés de la grille du gaufrier avec un spray antiadhésif, placez autant de pierogi que le gaufrier peut en contenir et fermez le couvercle.

l) 1Laisser cuire la pâte jusqu'à ce que les pierogi soient légèrement dorés, pendant 3 minutes. Retirer les pierogi cuits.

16. Falafel gaufré et houmous

RENDEMENT : Pour 4 personnes

Ingrédients

- 1 tasse de pois chiches séchés, triés et trempés dans l'eau pendant une nuit au réfrigérateur
- ½ petit oignon, haché grossièrement
- 3 gousses d'ail
- ¼ tasse de persil plat frais haché
- 2 cuillères à soupe d'huile d'olive extra vierge
- 2 cuillères à soupe de farine tout usage
- 1 cuillère à café de sel
- 1 cuillère à café de cumin moulu
- ½ cuillère à café de coriandre moulue
- ¼ cuillère à café de levure chimique
- ¼ cuillère à café de poivre noir fraîchement moulu
- ¼ cuillère à café de poivre de Cayenne
- Spray de cuisson antiadhésif
- Houmous parfaitement onctueux
- 4 pains pita en pochettes

Instructions

a) Préchauffer le gaufrier à feu moyen. Préchauffer le four à feu doux.

b) Égouttez les pois chiches trempés et placez-les avec l'oignon et l'ail dans un robot culinaire. Mixez jusqu'à obtenir un mélange homogène, mais pas réduit en purée.

c) Ajoutez le persil, l'huile d'olive, la farine, le sel, le cumin, la coriandre, la levure chimique, le poivre noir et le poivre de Cayenne, et mixez jusqu'à obtenir une consistance presque lisse.

d) Enduisez les deux côtés de la grille du gaufrier d'un spray antiadhésif. Pour chaque gaufre, placez environ $\frac{1}{4}$ de tasse de pâte dans le gaufrier, en laissant un peu d'espace entre les boules pour que chacune puisse s'étendre.

e) Fermez le couvercle du gaufrier et laissez cuire 5 minutes avant de vérifier. Retirez les fawaffles lorsqu'elles sont bien cuites et uniformément dorées.

f) Répétez les étapes 4 et 5 avec le reste de la pâte.

g) Gardez les fawaffles cuites au chaud dans le four. Servez-les avec le houmous et le pain pita.

17. Salade niçoise au thon gaufré

RENDEMENT : Pour 2 personnes

Ingrédients

- 2 gros œufs
- ½ tasse de haricots verts, avec les pointes coupées
- 4 pommes de terre nouvelles, coupées en deux
- Sel
- Spray de cuisson antiadhésif
- 1 steak de thon frais (environ 225 g)
- 3 tasses de salade verte lavée
- ¼ tasse d'olives noires dénoyautées ou entières tranchées, comme les Niçoises ou les Kalamata
- ½ tasse de tomates cerises ou raisins entières ou coupées en deux
- Poivre noir fraîchement moulu, au goût
- Vinaigrette à la moutarde de Dijon

Instructions

a) Cuire les œufs : Placez les œufs dans une petite casserole et remplissez-la aux deux tiers d'eau. Portez l'eau à ébullition à feu moyen-vif, puis éteignez le feu, retirez la casserole du feu et couvrez-la. Laissez reposer 10 minutes. Passez les œufs sous l'eau froide pendant une minute pour les refroidir et réservez.

b) Blanchir les haricots verts : Portez à ébullition une petite casserole d'eau salée et plongez-y les haricots verts pendant 30 secondes. Retirez-les et placez-les dans un bain d'eau glacée pour arrêter la cuisson. Retirez les haricots verts de l'eau glacée au bout d'une minute et réservez.

c) Faire bouillir les pommes de terre : Placez les pommes de terre dans une petite casserole et couvrez-les d'au moins 2,5 cm d'eau. Ajoutez une généreuse pincée de sel à l'eau et portez à ébullition à feu moyen-vif. Une fois que l'eau bout, réduisez le feu à doux et laissez mijoter les pommes de terre pendant 10 minutes. Elles sont prêtes lorsqu'elles peuvent être percées d'un léger coup de couteau. Retirez les pommes de terre, égouttez-les dans une passoire et laissez refroidir.

d) Préchauffez le gaufrier à feu vif. Enduisez les deux côtés de la grille du gaufrier avec un spray antiadhésif.

e) Placez le steak de thon sur le gaufrier, le plus loin possible de la charnière. (Cela permet au couvercle d'appuyer plus uniformément sur le thon.) Fermez le couvercle.

f) Pendant que le thon cuit, disposez un lit de salade verte sur une grande assiette de service. Épluchez les œufs, coupez-les en tranches ou en quartiers et disposez-les sur la laitue. Répartissez uniformément les haricots verts, les pommes de terre, les olives et les tomates sur la salade verte.

g) Vérifiez la cuisson du thon. Après 6 minutes, un steak de 2 cm d'épaisseur devrait être bien cuit. Il ne devrait pas y avoir de rose à l'extérieur. Vous pouvez couper le thon en deux pour voir s'il reste du rose au centre. Une teinte rosée peut convenir, mais vous préférerez peut-être que votre thon soit plus bien cuit. (L'USDA recommande qu'il atteigne 145°F sur un thermomètre à lecture instantanée ; j'aime le mien autour de 125°F.)

h) Retirez le thon du gaufrier et coupez-le en tranches d'environ 1,5 cm d'épaisseur. Disposez les tranches sur la salade, les marques des gaufres vers le haut.

i) Salez et poivrez la salade. Assaisonnez la salade avec parcimonie. Servez le reste de la vinaigrette à table.

18. Croquettes de crabe entrecroisées

RENDEMENT : Donne 4 beignets de crabe

Ingrédients

- 1 gros œuf battu avec une pincée de sel
- Pincée de poivre de Cayenne ou de poudre de curry
- ½ cuillère à café de poivre noir fraîchement moulu ou de poivre citronné
- 1½ tasse de morceaux de crabe (environ 10 onces)
- ½ tasse de chapelure nature
- ¼ tasse de poivron vert finement haché
- 1 cuillère à soupe d'échalote hachée
- Spray de cuisson antiadhésif
- 1 citron, tranché, pour la garniture
- ¼ tasse de mayonnaise Sriracha, pour servir

Instructions

a) Préchauffer le gaufrier à feu vif. Préchauffer le four à feu doux.

b) Dans un petit bol, mélanger l'œuf, le poivre de Cayenne et le poivre noir. Réserver.

c) Dans un bol de taille moyenne, mélanger délicatement le crabe, la chapelure, le poivron et l'échalote hachée. Ajouter le mélange d'œufs en remuant doucement pour l'incorporer uniformément aux ingrédients secs.

d) Enduisez les deux côtés de la grille du gaufrier d'un spray antiadhésif. À l'aide d'une tasse à mesurer, prélevez $\frac{1}{2}$ tasse du mélange et placez-le dans le gaufrier.

e) Fermez le couvercle et laissez cuire jusqu'à ce que la chapelure soit dorée et qu'il ne reste plus de liquide, environ 3 minutes.

f) Retirez le gâteau de crabe du gaufrier, vaporisez-le d'une tranche de citron et utilisez les tranches supplémentaires comme garniture.

g) Répétez les étapes 4 et 5 pour préparer les 3 beignets de crabe restants. Gardez les beignets de crabe finis au chaud dans le four.

h) Déposez une cuillère à soupe de mayonnaise Sriracha sur chaque gâteau de crabe et servez.

19. Crabe à carapace molle gaufré

RENDEMENT : Pour 2 personnes

Ingrédients

- ½ tasse de farine tout usage
- 1 cuillère à café de mélange d'assaisonnement pour fruits de mer, comme Old Bay
- 2 crabes à carapace molle, nettoyés (« habillés »)
- 2 cuillères à soupe de beurre non salé, fondu

Instructions

a) Préchauffer le gaufrier à feu vif.
b) Dans un bol peu profond ou un plat profond, comme une assiette à tarte, mélanger la farine et le mélange d'assaisonnements.
c) Séchez le crabe avec du papier absorbant. Trempez le crabe dans la farine, secouez l'excédent de farine sur l'assiette et réservez le crabe enrobé sur une planche à découper.
d) À l'aide d'un pinceau en silicone, enduisez les deux côtés de la grille du gaufrier avec le beurre fondu.

e) Déposez le crabe pané sur le gaufrier, fermez le couvercle et laissez cuire pendant 3 minutes. Le revêtement doit devenir doré.

20. Tarte aux tamales gaufrées

RENDEMENT : Pour 4 personnes

Ingrédients

Garniture:
- 1 cuillère à soupe d'huile d'olive extra vierge
- 1 gros oignon, finement haché
- 1 livre de dinde ou de bœuf haché
- 1 piment jalapeño, haché (retirer les graines pour moins de piquant)
- 1 cuillère à café de cumin moulu
- 1 boîte (15 onces) de tomates concassées
- Sel et poivre noir fraîchement moulu, au goût

Croûte:
- 1½ tasse de masa harina
- 1 cuillère à café de sel
- 1 cuillère à café de levure chimique
- ¼ cuillère à café de poivre noir fraîchement moulu
- 1 tasse de lait
- 4 cuillères à soupe (½ bâton) de beurre non salé, fondu
- 1 gros œuf battu
- Spray de cuisson antiadhésif
- 1 tasse de cheddar fort râpé

Instructions

a) Préparez la garniture : versez l'huile d'olive dans une grande poêle et ajoutez l'oignon. Faites revenir à feu moyen jusqu'à ce que l'oignon commence à dorer, environ 5 minutes. Retirez l'oignon et réservez-le sur une assiette.

b) Émiettez la viande dans la même poêle et faites-la dorer jusqu'à ce qu'elle ne soit plus rosée, environ 5 minutes. Égouttez l'excédent de graisse et ajoutez l'oignon, le piment jalapeño, le cumin et les tomates sautés dans la poêle jusqu'à ce qu'ils soient bien chauds, environ 1 minute. Goûtez et ajoutez du sel et du poivre. Laissez mijoter le mélange à feu doux pendant que vous préparez la croûte.

c) Préchauffer le gaufrier à feu moyen.

d) Préparez la croûte : dans un grand bol, mélangez la farine de maïs, le sel, la levure chimique et le poivre noir. Dans un bol de taille moyenne, fouettez le lait et le beurre fondu jusqu'à ce que le tout soit bien mélangé, puis incorporez l'œuf.

e) Ajoutez les ingrédients humides aux ingrédients secs et mélangez. La pâte sera très épaisse.

f) Enduire les deux côtés de la grille du gaufrier d'un spray antiadhésif. Diviser la pâte en 4 portions égales, d'environ $\frac{1}{2}$ tasse chacune. Prendre une portion de pâte et la tapoter pour former un disque de la taille d'une section du gaufrier. Répéter l'opération avec les 3 portions de pâte restantes.

g) Placez les disques sur le gaufrier, en recouvrant entièrement la grille du gaufrier. Fermez le couvercle et laissez cuire jusqu'à ce qu'ils soient presque cuits mais pas tout à fait dorés, environ 3 minutes.

h) Ouvrez le gaufrier, déposez une couche uniforme de garniture d'environ 1,5 cm d'épaisseur sur la croûte et fermez le gaufrier pendant 1 minute. Ouvrez à nouveau le gaufrier, recouvrez de fromage et fermez le gaufrier pendant 20 secondes pour faire fondre le fromage. Retirez les tartes aux tamales du gaufrier et servez.

21. Migas mexicaines gaufrées

RENDEMENT : Pour 2 personnes

Ingrédients

- 4 gros œufs
- 1 petite tomate, coupée en dés (environ ½ tasse)
- ½ tasse d'oignon coupé en dés
- ½ tasse de cheddar râpé ou de fromage Monterey Jack
- 1 petit piment jalapeño, épépiné et haché
- 2 tortillas de maïs molles, coupées ou déchirées en morceaux d'environ 1,27 cm
- ¼ cuillère à café de sel
- ¼ cuillère à café de poivre noir fraîchement moulu
- Spray de cuisson antiadhésif

Instructions

a) Préchauffer le gaufrier à feu moyen.

b) Dans un bol de taille moyenne, battez les œufs. Ajoutez le reste des ingrédients, à l'exception du spray de cuisson, et remuez vigoureusement pour mélanger.

c) Enduisez les deux côtés de la grille du gaufrier d'un spray antiadhésif. Versez un peu de mélange sur chaque section du gaufrier. Certains ingrédients peuvent se déposer au fond du bol, assurez-vous donc d'atteindre le fond du bol pour obtenir un bon mélange.

d) Fermez le couvercle et laissez cuire jusqu'à ce que les œufs ne soient plus coulants, 2 minutes.

e) Retirez les migas du gaufrier à l'aide d'une spatule coudée ou d'une paire de spatules en silicone résistantes à la chaleur et servez.

22. Wontons aux crevettes gaufrées

RENDEMENT : Donne 16 wontons

Ingrédients

- 8 onces de crevettes cuites et réfrigérées (31 à 40 ou 41 à 50), décortiquées, queues retirées
- 1 gros blanc d'oeuf légèrement battu
- $\frac{1}{4}$ tasse d'oignons verts finement hachés, parties vertes et blanches
- 1 gousse d'ail, hachée
- 2 cuillères à café de sucre brun clair
- 2 cuillères à café de vinaigre blanc distillé
- $\frac{1}{2}$ cuillère à café de gingembre frais râpé ou haché
- $\frac{3}{4}$ cuillère à café de sel
- $\frac{1}{2}$ cuillère à café de poivre noir fraîchement moulu
- 1 paquet de feuilles de wonton (au moins 32 feuilles), environ $3\frac{1}{2}$ pouces de chaque côté
- Spray de cuisson antiadhésif
- Sauce à tremper au gingembre et au sésame

Instructions

a) Hachez finement les crevettes pour obtenir une pâte. Si vous souhaitez utiliser un robot culinaire, une demi-douzaine d'impulsions rapides devraient suffire. Placez les crevettes hachées dans un bol de taille moyenne.

b) Ajoutez le blanc d'œuf, l'oignon vert, l'ail, le sucre, le vinaigre, le gingembre, le sel et le poivre aux crevettes, remuez pour bien mélanger et réservez.

c) Préchauffer le gaufrier à feu vif. Préchauffer le four à feu doux.

d) Pour former les raviolis, retirez une feuille de wonton de l'emballage. À l'aide d'un pinceau à pâtisserie ou d'un doigt propre, mouillez les 4 bords de la feuille. Placez une petite cuillère à soupe du mélange de crevettes au centre et recouvrez d'une autre feuille de wonton. Appuyez le long des bords pour sceller. Réservez les wontons finis, couvrez-les d'un torchon humide et façonnez le reste.

e) Enduisez les deux côtés de la grille du gaufrier d'un spray antiadhésif. Placez autant de wontons que possible sur le gaufrier et fermez le couvercle. Laissez cuire pendant 2 minutes avant de vérifier. L'emballage du wonton doit perdre sa translucidité et les marques de gaufre doivent être d'un brun doré profond.

f) Servez les wontons avec la sauce au gingembre et au sésame.

23. Arancini gaufrés au fromage

RENDEMENT : Donne 8 arancini ; pour 4 personnes

Ingrédients

- 2 tasses de riz blanc à grains courts cuit, comme Arborio, préparé selon les instructions sur l'emballage et refroidi
- ½ tasse de parmesan râpé
- ¼ cuillère à café de sel
- ¼ cuillère à café de poivre noir fraîchement moulu
- 3 gros œufs
- 2 onces de mozzarella fraîche, coupée en 8 morceaux
- 1 tasse de chapelure assaisonnée
- Spray de cuisson antiadhésif

Instructions

a) Préchauffer le gaufrier à feu moyen. Préchauffer le four à feu doux.

b) Dans un bol de taille moyenne, mélanger le riz, le parmesan, le sel, le poivre et 1 des œuf et remuer pour bien mélanger.

c) Avec les mains mouillées, formez chaque boule de riz en prenant une petite portion du mélange, en la pressant fermement pour en faire une boule et en y fourrant un morceau de mozzarella. Le fromage doit être complètement enrobé dans le riz. Répétez ce processus pour former 8 boules d'arancini et réservez-les.

d) Fouettez les 2 œufs restants dans un petit bol. Déposez la chapelure dans un bol peu profond ou un plat profond, comme un moule à tarte. Trempez chaque arancini dans le mélange d'œufs, puis dans la chapelure, en secouant l'excédent. Manipulez les arancini délicatement.

e) Enduisez les deux côtés de la grille du gaufrier d'un spray antiadhésif. Placez une boule d'arancini dans chaque section du gaufrier, fermez le couvercle et faites cuire jusqu'à ce que les arancini se maintiennent ensemble comme une unité cohésive, 4 minutes.

f) Pendant que les arancini cuisent, faites chauffer la sauce marinara au micro-ondes pendant 45 secondes ou dans une petite casserole sur la cuisinière à feu doux.

g) Retirez les arancini du gaufrier et répétez les étapes 5 et 6 avec les arancini restants. Gardez les arancini cuits au chaud dans le four.

h) Servir les arancini avec la sauce marinara chaude.

24. Beignets de courgettes et parmesan

RENDEMENT : Pour 4 personnes

Ingrédients

- 2 tasses de courgettes râpées (environ 2 courgettes de taille moyenne)
- ½ cuillère à café de sel
- 1 gros œuf
- ¼ tasse de lait
- ½ tasse de parmesan râpé
- ½ tasse de farine tout usage
- ¼ cuillère à café de poivre noir fraîchement moulu
- Spray de cuisson antiadhésif

Instructions

a) Placez les courgettes dans une passoire et saupoudrez-les d'un quart de cuillère à café de sel. Laissez reposer pendant 30 minutes. Rincez abondamment à l'eau froide. Pressez pour éliminer l'excès de liquide des courgettes, puis séchez-les avec une serviette propre non pelucheuse ou du papier absorbant.

b) Préchauffer le gaufrier à feu moyen. Préchauffer le four à feu doux.

c) Dans un grand bol, fouettez l'œuf, puis ajoutez le lait et $\frac{1}{4}$ tasse de parmesan. Fouettez bien pour mélanger.

d) Dans un petit bol, mélanger la farine, le reste de sel ($\frac{1}{4}$ de cuillère à café) et le poivre. Bien mélanger et incorporer dans le grand bol avec le mélange d'œufs. Ajouter les courgettes et mélanger jusqu'à ce que le tout soit bien mélangé.

e) Enduire les deux côtés de la grille du gaufrier d'un spray antiadhésif. Déposer des cuillères à soupe bombées du mélange de courgettes sur le gaufrier, en laissant de l'espace entre chaque cuillère pour que les beignets s'étalent. Fermer le couvercle.

f) Cuire jusqu'à ce qu'ils soient légèrement dorés et bien cuits, 3 minutes, puis retirer du gaufrier.

g) Répétez les étapes 5 et 6 avec le reste de la pâte. Gardez les beignets finis au chaud dans le four.

h) Pour servir, garnir les beignets du $\frac{1}{4}$ tasse de parmesan restant.

25. Tostones gaufrés

RENDEMENT : Pour 4 personnes

Ingrédients

- 2 litres d'huile au goût neutre, comme l'huile de canola, pour la friture
- 2 plantains jaunes (un peu de vert c'est bien)
- Sel, au goût
- Sauce à l'ail

Instructions

a) Versez l'huile dans une grande marmite ou un faitout en prenant soin de laisser suffisamment d'espace en haut de la marmite. L'huile ne doit pas monter à plus de la moitié, sinon elle risque de déborder lorsque les bananes plantains seront ajoutées.

b) Portez l'huile à 350 °F sur un thermomètre à lecture instantanée à feu moyen.

c) Pendant que l'huile chauffe, épluchez les plantains. Coupez chaque extrémité, puis faites 3 fentes dans le sens de la longueur le long du plantain. Retirez la peau avec vos doigts. Coupez chaque plantain en tranches d'environ $\frac{1}{4}$ de pouce d'épaisseur.

d) Préchauffez le gaufrier à feu moyen. Faites chauffer un plat au four à feu doux.

e) Lorsque l'huile atteint environ 350°F, un cube de pain plongé dans l'huile deviendra brun clair en 60 secondes. Faites frire les tranches de plantain à cette température pendant 1 minute.

f) Au bout d'une minute, vérifiez si une tranche de plantain est cuite. Elle doit être légèrement dorée et cuite à l'extérieur. Plus la banane plantain est verte, plus elle mettra de temps à frire, jusqu'à environ 3 minutes.

g) À l'aide d'une écumoire, retirez les plantains frits de l'huile et égouttez-les sur une assiette recouverte de papier absorbant. Un peu d'huile qui s'y accroche n'est pas un problème. En fait, cela les aidera lorsqu'ils passeront dans le gaufrier.

h) Placez autant de plantains frits que possible en une seule couche sur le gaufrier, en leur laissant un peu de place pour qu'ils puissent gonfler.

i) Appuyez sur le couvercle du gaufrier pour écraser les bananes plantains. Attention : le couvercle peut être chaud.

j) Cuire jusqu'à ce que les bananes plantains soient d'un brun doré foncé et tendres partout, 2 minutes.

k) Retirez les plantains du gaufrier. Répétez les étapes 8 à 10 avec les plantains restants.

l) Disposez les bananes plantains cuites sur un plat chaud et saupoudrez de sel. Servez avec la sauce à l'ail.

26. Frites gaufrées

RENDEMENT : Pour 4 personnes

Ingrédients

- Spray de cuisson antiadhésif
- 4 cuillères à soupe (½ bâton) de beurre non salé, fondu
- 1 tasse d'eau
- ½ cuillère à café de sel
- 2 tasses de flocons de pommes de terre instantanés
- Ketchup ou mayonnaise, pour servir

Instructions

a) Préchauffez le gaufrier à feu vif. Enduisez les deux côtés de la grille du gaufrier avec un spray antiadhésif.

b) Mélangez le beurre fondu, l'eau et le sel dans un bol. Ajoutez les flocons de pommes de terre et remuez bien le mélange. Laissez reposer pendant que le gaufrier atteint la température souhaitée. Le mélange sera assez épais.

c) Pour chaque gaufre, mettez environ une cuillère à soupe de mélange de pommes de terre dans le gaufrier. Placez autant de mélange de pommes de terre que possible sur la grille du gaufrier, fermez le couvercle et faites cuire jusqu'à ce qu'il soit bien doré, 3 minutes. Retirez les frites et répétez l'opération, en vaporisant à nouveau la grille du gaufrier si nécessaire, jusqu'à ce que vous ayez utilisé tout le mélange de pommes de terre.

d) Servir les frites avec du ketchup ou de la mayonnaise.

27. Rondelles d'oignon gaufrées

RENDEMENT : Pour 4 personnes

Ingrédients

- 1½ tasse de farine tout usage
- ½ tasse de fécule de maïs
- 1 cuillère à soupe de levure chimique
- 2 cuillères à café de sel
- 2 cuillères à café de sucre granulé
- 1 cuillère à café de poivre noir fraîchement moulu
- 1 cuillère à café de poudre d'oignon
- 12 onces de bière de style lager
- ¼ tasse d'huile à saveur neutre, comme l'huile de canola
- 1 gros oignon, finement tranché puis coupé en segments ne dépassant pas 1 pouce de long
- Spray de cuisson antiadhésif

Instructions

a) Préchauffer le gaufrier à feu moyen. Préchauffer le four à feu doux.

b) Dans un grand bol, mélanger la farine, la fécule de maïs, la levure chimique, le sel, le sucre, le poivre et la poudre d'oignon. Incorporer la bière en fouettant. (Le mélange va mousser.) Incorporer l'huile puis les oignons.

c) Enduire les deux côtés de la grille du gaufrier avec un spray antiadhésif.

d) Versez environ ¼ de tasse de pâte sur le gaufrier en forme de grand anneau,

e) Votre moule ne sera pas parfait, mais vous pouvez utiliser une spatule en silicone pour donner forme à certaines parties de la pâte avant de fermer le couvercle.

f) Laissez cuire pendant 4 minutes ou jusqu'à ce qu'elles soient dorées. Retirez l'anneau d'oignon du gaufrier.

g) Répétez les étapes 3 et 4 pour faire le reste des rondelles d'oignon. Gardez les rondelles d'oignon cuites au chaud dans le four.

h) Servir chaud.

28. Biscuits à l'avoine gaufrés

RENDEMENT : Donne environ 20 biscuits

Ingrédients

- $\frac{1}{2}$ tasse de beurre non salé, ramolli
- $\frac{1}{2}$ tasse de sucre brun clair bien tassé
- 2 gros œufs
- 1 cuillère à café d'extrait de vanille pure
- $\frac{1}{2}$ tasse de farine tout usage
- $\frac{1}{2}$ cuillère à café de bicarbonate de soude
- $\frac{1}{4}$ cuillère à café de sel
- $\frac{3}{4}$ tasse de flocons d'avoine à l'ancienne
- $\frac{3}{4}$ tasse de mini pépites de chocolat mi-sucrées
- Spray de cuisson antiadhésif

Instructions

a) Préchauffer le gaufrier à feu moyen.
b) Dans un grand bol, battre le beurre et la cassonade avec un batteur à main électrique jusqu'à ce que le mélange soit presque lisse.
c) Ajoutez les œufs et la vanille, puis continuez de battre jusqu'à ce qu'ils soient complètement incorporés.

d) Dans un bol de taille moyenne, mélanger la farine, le bicarbonate de soude et le sel. Ajouter ces ingrédients secs aux ingrédients humides et mélanger jusqu'à ce qu'il reste quelques traces de farine.

e) Ajoutez les flocons d'avoine et les pépites de chocolat et remuez pour mélanger.

f) Enduire les deux côtés de la grille du gaufrier avec un spray antiadhésif.

g) Déposez une cuillère à soupe pleine de pâte sur chaque section de gaufre, en laissant de la place aux biscuits pour qu'ils s'étalent. Fermez le couvercle et laissez cuire jusqu'à ce que les biscuits soient cuits et commencent à dorer. Cela ne prendra pas très longtemps, 2 ou 3 minutes, selon la chaleur de votre gaufrier. Les biscuits doivent être mous lorsque vous les retirez et se raffermiront en refroidissant.

h) Transférez les biscuits sur une grille pour les laisser refroidir.

i) Répétez les étapes 6 à 8 jusqu'à ce que la pâte restante soit gaufrée.

29. Gaufre à la crème glacée Red Velvet

RENDEMENT : Donne 8 sandwichs

Ingrédients

- 1¾ tasse de farine tout usage
- ¼ tasse de cacao non sucré
- 1 cuillère à café de bicarbonate de soude
- 1 cuillère à café de sel
- 1 tasse d'huile de canola
- 1 tasse de sucre granulé
- 1 gros œuf
- 3 cuillères à soupe de colorant alimentaire rouge
- 1 cuillère à café d'extrait de vanille pure
- 1½ cuillère à café de vinaigre blanc distillé
- ½ tasse de babeurre
- Spray de cuisson antiadhésif
- 1½ litre de glace à la vanille
- 2 tasses de mini pépites de chocolat mi-sucrées

Instructions

a) Préchauffer le gaufrier à feu moyen.

b) Dans un bol de taille moyenne, fouettez ensemble la farine, le cacao, le bicarbonate de soude et le sel. Réservez.

c) Dans le bol d'un batteur sur socle ou dans un grand bol avec un batteur électrique, battre l'huile et le sucre à vitesse moyenne jusqu'à ce que le mélange soit homogène. Incorporer l'œuf. Baisser la vitesse du batteur et ajouter lentement le colorant alimentaire et la vanille.

d) Mélangez le vinaigre et le babeurre. Ajoutez la moitié de ce mélange de babeurre dans le grand bol avec l'huile, le sucre et l'œuf. Remuez pour mélanger, puis ajoutez la moitié du mélange de farine. Raclez le bol et remuez juste assez pour vous assurer qu'il n'y a pas de farine non mélangée. Ajoutez le reste du mélange de babeurre, remuez pour mélanger, puis ajoutez le reste du mélange de farine. Remuez à nouveau, juste assez pour vous assurer qu'il n'y a pas de farine non mélangée.

e) Enduisez les deux côtés de la grille du gaufrier d'un spray antiadhésif. Versez suffisamment de pâte dans le gaufrier pour recouvrir la grille, fermez le couvercle et faites cuire jusqu'à ce que les gaufres soient suffisamment fermes pour être retirées du gaufrier, soit 4 minutes.

f) Laissez refroidir légèrement les gaufres sur une grille. Utilisez des ciseaux de cuisine ou un couteau bien aiguisé pour séparer les gaufres en sections (probablement des rectangles, des quartiers ou des cœurs, selon votre gaufrier). Répétez l'opération pour obtenir un total de 16 sections.

g) Pendant que les sections de gaufres refroidissent, posez la crème glacée sur le comptoir pour qu'elle ramollisse pendant 10 minutes.

h) Une fois la crème glacée ramollie, disposez la moitié des sections de gaufres et utilisez une spatule pour étaler la crème glacée sur environ 2,5 cm d'épaisseur sur chacune d'elles. Recouvrez avec les sections restantes pour faire 8 sandwichs. Grattez tout débordement de crème glacée avec une spatule en caoutchouc pour nettoyer les bords.

i) Trempez ensuite les bords de la glace dans un bol ou un plat peu profond rempli de mini pépites de chocolat.

j) Enveloppez hermétiquement chaque sandwich dans une pellicule plastique, placez-le dans un sac à fermeture éclair et placez le sac au congélateur pendant au moins 1 heure pour permettre à la crème glacée de durcir. Retirez le sandwich quelques minutes avant de le servir pour lui permettre de ramollir légèrement.

30. Pain aux bananes gaufré

RENDEMENT : Donne 10 à 15 tranches de pain aux bananes gaufré

Ingrédients

- 1 tasse plus 2 cuillères à soupe de sucre granulé
- 1 cuillère à café de cannelle moulue
- 3 bananes mûres de taille moyenne, coupées en rondelles de $\frac{1}{8}$ pouce d'épaisseur
- 8 cuillères à soupe (1 bâton) de beurre non salé, ramolli
- $\frac{1}{2}$ tasse de sucre brun clair tassé
- 6 onces de fromage à la crème, ramolli, coupé en morceaux d'environ 1 once
- 2 gros œufs
- 1 cuillère à café d'extrait de vanille pure
- $1\frac{1}{2}$ tasse de farine tout usage
- $\frac{1}{2}$ tasse de flocons d'avoine à l'ancienne non cuits
- $1\frac{1}{2}$ cuillère à café de levure chimique
- $\frac{1}{4}$ cuillère à café de sel ET spray de cuisson antiadhésif

Instructions

a) Dans un petit bol, mélangez 2 cuillères à soupe de sucre granulé et la cannelle. Placez les morceaux de banane coupés en rondelles dans un petit bol, puis saupoudrez-les du mélange cannelle-sucre. Remuez pour répartir uniformément le mélange cannelle-sucre. Laissez reposer les bananes pendant 30 minutes.

b) Dans le bol d'un batteur sur socle muni d'un fouet plat ou d'un batteur à main électrique, mélanger le beurre, la tasse restante de sucre granulé et la cassonade jusqu'à ce que le tout soit bien mélangé. Ajouter le fromage à la crème et mélanger jusqu'à ce qu'il soit complètement incorporé au mélange de sucre. Ajouter les œufs un à un et mélanger jusqu'à ce qu'ils soient bien incorporés à la pâte. Ajouter la vanille et bien mélanger.

c) Dans un bol de taille moyenne, mélanger la farine, les flocons d'avoine, la levure chimique et le sel. Une fois le mélange mélangé, verser le mélange de farine dans le mélange de beurre et de sucre. Mélanger jusqu'à ce que les ingrédients secs soient complètement mélangés aux ingrédients humides, en raclant le bol pour s'assurer que le mélange est bien mélangé.

d) Versez les bananes et le liquide accumulé dans le bol et mélangez délicatement pour incorporer.

e) Préchauffez le gaufrier à feu moyen. Enduisez les deux côtés de la grille du gaufrier d'un spray antiadhésif. Préchauffez le four à feu doux.

f) Enduire l'intérieur d'une tasse à mesurer de ⅓ tasse avec un spray antiadhésif pour aider à libérer la pâte. Mesurer ⅓ tasse de pâte et verser sur le gaufrier préchauffé. Fermer le couvercle et cuire jusqu'à ce que le pain aux bananes soit bien doré, 5 minutes.

g) Retirez le gaufrier fini du gaufrier et placez-le sur une grille pour le laisser refroidir légèrement. Répétez l'étape 6 avec le reste de la pâte. Gardez les morceaux finis au chaud dans le four.

31. Gaufrettes S'mores

RENDEMENT : Pour 4 personnes

Ingrédients

- Spray de cuisson antiadhésif
- ½ tasse de farine de blé entier blanche
- ½ tasse de farine tout usage
- ¼ tasse de sucre brun foncé bien tassé
- ½ cuillère à café de bicarbonate de soude
- ¼ cuillère à café de sel
- Pincée de cannelle moulue
- 4 cuillères à soupe (½ bâton) de beurre non salé, fondu
- 2 cuillères à soupe de lait
- ¼ tasse de miel
- 1 cuillère à soupe d'extrait de vanille pure
- ¾ tasse de pépites de chocolat mi-sucré
- ¾ tasse de mini guimauves

Instructions

a) Préchauffez le gaufrier à feu moyen. Enduisez les deux côtés de la grille du gaufrier d'un spray antiadhésif.

b) Dans un saladier, mélanger les farines, la cassonade, le bicarbonate de soude, le sel et la cannelle. Dans un autre bol, fouetter ensemble le beurre fondu, le lait, le miel et la vanille.

c) Ajoutez les ingrédients humides au mélange de farine et remuez jusqu'à ce qu'une pâte se forme.

d) Laissez reposer le mélange pendant 5 minutes. Il sera beaucoup plus épais que la pâte à gaufres ordinaire, mais pas aussi épais que la pâte à pain.

e) Mesurez environ $\frac{1}{4}$ de tasse de pâte et placez-la sur une section du gaufrier. Répétez l'opération avec un autre $\frac{1}{4}$ de tasse de pâte, pour obtenir un dessus et un dessous pour votre sandwich s'moreffle.

f) Fermez le couvercle et laissez cuire jusqu'à ce que les biscuits Graham gaufrés soient encore légèrement mous mais entièrement cuits, 3 minutes.

g) Retirez délicatement les biscuits Graham gaufrés du gaufrier. Ils seront assez mous, veillez donc à les garder intacts. Laissez-les refroidir légèrement. Répétez les étapes 5 à 7 avec le reste de la pâte.

32. Gaufres au babeurre et à la semoule de maïs

RENDEMENT : 4 à 6 gaufres ; pour 4 personnes

Ingrédients

- $1\frac{3}{4}$ tasse de farine tout usage
- $\frac{1}{4}$ tasse de semoule de maïs finement moulue
- 2 cuillères à café de bicarbonate de soude
- 1 cuillère à café de sel
- 2 gros œufs, séparés
- $1\frac{3}{4}$ tasse de babeurre
- 4 cuillères à soupe de beurre non salé, fondu et refroidi
- 1 cuillère à café d'extrait de vanille pure
- Spray de cuisson antiadhésif
- Beurre et sirop d'érable, pour servir

Instructions

a) Préchauffer le gaufrier à feu moyen. Préchauffer le four à feu doux.

b) Dans un grand bol, fouettez ensemble la farine, la semoule de maïs, le bicarbonate de soude et le sel. Dans un autre bol, fouettez ensemble les jaunes d'œufs, le babeurre, le beurre et la vanille.

c) Dans un bol de taille moyenne, battez les blancs d'œufs jusqu'à ce qu'ils forment des pics mous.

d) Ajoutez les ingrédients liquides aux ingrédients secs en mélangeant délicatement. Incorporez ensuite les blancs d'œufs à la pâte.

e) Enduisez les deux côtés de la grille du gaufrier d'un spray antiadhésif. Versez la pâte dans le gaufrier, fermez le couvercle et laissez cuire jusqu'à ce qu'elle soit dorée, 3 à 5 minutes.

f) Retirez la gaufre. Pour la garder au chaud, placez-la sur une grille dans le four. Répétez l'étape 5 pour faire le reste des gaufres.

g) Servir avec du beurre et du sirop d'érable.

33. Gaufres au chocolat

Donne 8 à 10

Ingrédients

- 7 onces (200 g) de crème glacée mi-sucrée ou aigre-douce, facultatif
- chocolat haché (ou utilisez des pépites)
- 4½ onces (130 g) de beurre, coupé en dés
- 2 oeufs
- 1½ tasse (360 ml) de lait
- 1 cuillère à café d'extrait de vanille
- 2 tasses (260 g) de farine tout usage
- ¾ tasse (150 g) de sucre
- ¼ tasse (35 g) de poudre de cacao
- 1 cuillère à café de levure chimique
- 1 cuillère à café de sel
- 1 tasse (45 g) de pépites de chocolat

Instructions

a) Préparez le gril Sear and Press avec les plaques à gaufres. Sélectionnez 450°F pour les plaques supérieure et inférieure. Appuyez sur Start pour préchauffer.

b) Placez le chocolat et le beurre dans un bol allant au micro-ondes et faites chauffer à 100 % de puissance pendant 30 secondes. Remuez continuellement jusqu'à ce que le chocolat et le beurre aient fondu et que le mélange soit lisse. Laissez refroidir légèrement.

c) Fouetter les œufs, le lait et la vanille dans un grand bol ou un pichet et incorporer le mélange de chocolat refroidi jusqu'à consistance lisse.

d) Tamisez ensemble la farine, le sucre, le cacao en poudre, la levure chimique et le sel dans un grand bol à mélanger et faites un puits au centre.

e) Versez le mélange d'œufs et fouettez jusqu'à obtenir une consistance presque lisse avec seulement quelques grumeaux. Incorporez les pépites de chocolat.

f) Une fois le préchauffage terminé, le voyant vert Prêt s'allume. Ajoutez $\frac{1}{2}$ tasse de pâte dans chaque carré de gaufre. Fermez le couvercle et laissez cuire jusqu'à ce que les gaufres soient bien cuites et sèches au toucher. Cela prendra environ $3\frac{1}{2}$ à 4 minutes. Retirez les gaufres et placez-les sur une grille pour les laisser refroidir légèrement.

g) Répétez l'opération avec le reste de la pâte. Servez avec de la glace, si vous le souhaitez.

34. Gaufres à la rhubarbe pochée

Donne 8 à 10

Ingrédients

- 2 œufs, séparés
- 1 livre de rhubarbe fraîche, paré et lavé
- 1¾ tasse (420 ml) de lait
- ¼ tasse de sucre
- 1 cuillère à café d'extrait de vanille
- 4 onces (115 g) de beurre, fondu pour servir
- 1 paquet de 4,6 onces (130 g) de vanille Sucre en poudre, facultatif.
- mélange à pudding Crème anglaise à la vanille, facultatif.
- 2¼ tasses (295 g) de farine tout usage
- 2 cuillères à café de levure chimique
- ¼ cuillère à café de sel
- ½ tasse (100 g) de sucre

Instructions

a) Préparez le gril Sear and Press avec les plaques à gaufres. Sélectionnez 410°F pour la plaque supérieure et 350°F pour la plaque inférieure. Appuyez sur Start pour préchauffer.

b) Pour la rhubarbe pochée, coupez les tiges de rhubarbe en morceaux de 1,25 cm et placez-les dans une casserole avec le sucre et 1 tasse d'eau. Faites cuire à feu doux jusqu'à ce que la rhubarbe soit tendre, mais pas cassée. Laissez refroidir complètement.

c) Pour les gaufres, fouettez les jaunes d'œufs, le lait, l'extrait de vanille et le beurre fondu dans un grand bol à mélanger.

d) Mélanger le mélange à pudding, la farine, la levure chimique, le sel et le sucre dans un grand bol et faire un puits au centre.

e) Versez délicatement le mélange d'œufs et de lait et fouettez jusqu'à ce que le tout soit bien mélangé.

f) Battre les blancs d'œufs au batteur électrique jusqu'à ce qu'ils forment des pics fermes. Incorporer à la pâte à gaufres.

g) Une fois le préchauffage terminé, le voyant vert « Prêt » s'allume. Ajoutez ½ tasse de pâte dans chaque carré de gaufre.

h) Fermez le couvercle et laissez cuire jusqu'à ce que les gaufres soient bien cuites et dorées. Cela prendra environ 4 minutes ou jusqu'à ce qu'elles soient cuites à votre goût. Sortez les gaufres et placez-les sur une grille pour les laisser refroidir légèrement.

i) Répétez l'opération avec le reste de la pâte. Servez avec une crème anglaise épaisse à la vanille et de la rhubarbe ; saupoudrez de sucre glace.

35. Gaufres soufflées aux trois fromages

Donne 10 à 12

Ingrédients

- 4 œufs, séparés
- 2¼ tasses (540 ml) de lait
- 4 onces (115 g) de beurre fondu
- ½ tasse (40 g) de parmesan râpé
- ½ tasse (40 g) de mozzarella râpée ¼ tasse (20 g) de provolone râpé
- 3 tasses de litre (435 g) de farine tout usage
- 1 cuillère à soupe de levure chimique
- 1 cuillère à café de bicarbonate de soude
- 1 cuillère à café de sel casher
- 1 tasse (10 g) de ciboulette finement hachée

Instructions

a) Préparez le gril Sear and Press avec les plaques à gaufres. Sélectionnez 450°F pour les plaques supérieure et inférieure. Appuyez sur Start pour préchauffer.
b) Mélanger les jaunes d'œufs, le lait et le beurre et fouetter jusqu'à ce que le tout soit bien mélangé.
c) Mettre le fromage, la farine, la levure chimique, le bicarbonate de soude et le sel dans un grand bol à mélanger et faire un puits au centre.
d) Versez le mélange d'œufs et mélangez jusqu'à ce que le tout soit bien mélangé.
e) Battre les blancs d'œufs au batteur électrique jusqu'à ce qu'ils forment des pics fermes. Incorporer à la pâte à gaufres avec la ciboulette hachée.
f) Une fois le préchauffage terminé, le voyant vert « Prêt » s'allume. Ajoutez ½ tasse de pâte dans chaque carré de gaufre. Fermez le couvercle et laissez cuire jusqu'à ce que les gaufres soient bien cuites et dorées. Cela prendra environ 4 à 5 minutes ou jusqu'à ce qu'elles soient cuites à votre goût.

36. Gaufres au babeurre

Donne 6 gaufres

Ingrédients:

- 2 tasses de farine tout usage
- 2 cuillères à soupe de polenta ou de maïs séché
- 2 cuillères à soupe de sucre blanc
- ¾ cuillères à café de bicarbonate de soude
- ¾ cuillères à café de sel en flocons
- 2½ tasses de babeurre
- 3 gros œufs
- 1 cuillère à café d'extrait de vanille pure
- 2/3 tasse d'huile végétale

Instructions

a) Mélanger les ingrédients secs dans un grand bol et fouetter jusqu'à ce que le mélange soit homogène. Dans une grande tasse à mesurer ou dans un bol séparé, mélanger les ingrédients restants et fouetter pour bien mélanger.

b) Ajoutez les ingrédients liquides aux ingrédients secs et fouettez jusqu'à consistance lisse.

c) Préchauffez le gaufrier au réglage souhaité (un signal sonore retentit lors du préchauffage).

d) Versez une petite tasse de pâte par le haut du bec verseur. Lorsque le signal sonore retentit, la gaufre est prête. Ouvrez soigneusement le gaufrier et retirez la gaufre cuite.

e) Fermez le gaufrier et répétez l'opération avec le reste de la pâte.

37. Gaufres belges

Donne 5 gaufres

Ingrédients :
- 2 tasses de farine tout usage
- 2 cuillères à soupe de polenta
- $\frac{3}{4}$ cuillères à café de sel en flocons
- $\frac{1}{2}$ cuillère à café de bicarbonate de soude
- 2 gros œufs, séparés
- $2\frac{1}{2}$ tasses de babeurre
- $\frac{1}{4}$ tasse d'huile végétale
- $\frac{1}{2}$ cuillère à café d'extrait de vanille pure
- Pincée de crème de tartre

Instructions

a) Mélanger les quatre premiers ingrédients dans un grand bol et fouetter jusqu'à ce que le tout soit bien mélangé.

b) Dans une grande tasse à mesurer ou dans un bol séparé, mélanger les jaunes d'œufs, le babeurre, l'huile et l'extrait de vanille et fouetter jusqu'à ce que le tout soit bien mélangé.

c) Ajoutez les ingrédients liquides aux ingrédients secs et fouettez jusqu'à consistance lisse.

d) Mettez les blancs d'œufs et la crème de tartre dans un grand bol propre. À l'aide d'un fouet ou d'un batteur à main muni d'un fouet, fouettez jusqu'à obtenir des pics moyens. À l'aide d'une grande spatule, ajoutez les blancs fouettés au reste de la pâte et mélangez pour mélanger. Assurez-vous qu'il n'y a pas de grumeaux de blancs d'œufs dans la pâte. Si nécessaire, fouettez pour lisser la pâte.

e) Préchauffez le gaufrier au réglage souhaité (un signal sonore retentit lors du préchauffage).

f) Versez lentement une tasse pleine de pâte par le haut du bec verseur, en veillant à laisser la pâte s'écouler dans le gaufrier et à ne pas remplir le bec de pâte en une seule fois. Lorsque le signal sonore retentit, la gaufre est prête.

g) Ouvrez soigneusement le gaufrier et sortez la gaufre cuite. Fermez le gaufrier et répétez l'opération avec le reste de la pâte.

38. Gaufres multigrains

Donne 4 gaufres

Ingrédients:
- 1 tasse de farine complète
- ½ tasse de farine tout usage
- ¼ tasse de poudre d'amandes
- ¼ tasse de germe de blé
- 1 cuillère à café de levure chimique
- ½ cuillère à café de sel en flocons
- ½ cuillère à café de cannelle moulue
- ¼ cuillère à café de bicarbonate de soude
- 2 tasses de lait sans produits laitiers
- 2 cuillères à café de vinaigre blanc distillé
- 2 gros œufs
- 2 cuillères à soupe de sirop d'érable pur
- 1 cuillère à café d'extrait de vanille pure
- ¼ tasse d'huile végétale
- 2 cuillères à soupe d'huile de lin

Instructions

a) Mélanger les ingrédients secs dans un grand bol et fouetter jusqu'à ce que le tout soit bien mélangé. Dans une grande tasse à mesurer ou un bol à mélanger séparé, mélanger les ingrédients restants et fouetter jusqu'à ce que le tout soit bien mélangé.
b) Ajoutez les ingrédients liquides aux ingrédients secs et fouettez jusqu'à consistance lisse.
c) Préchauffez le gaufrier au réglage souhaité (un signal sonore retentit lors du préchauffage).
d) Versez une petite tasse de pâte par le haut du bec verseur. Lorsque le signal sonore retentit, la gaufre est prête.
e) Ouvrez soigneusement le gaufrier et sortez la gaufre cuite. Fermez le gaufrier et répétez l'opération avec le reste de la pâte.

39. Gaufres au sarrasin

Donne 6 gaufres

Ingrédients
- 1½ tasse de farine tout usage
- ½ tasse de farine de sarrasin
- 2 cuillères à soupe de polenta
- 2 cuillères à soupe de sucre blanc
- ¾ cuillères à café de bicarbonate de soude
- ¾ cuillères à café de sel en flocons
- 2½ tasses de babeurre
- 3 gros œufs
- 1 cuillère à café d'extrait de vanille pure
- 2/3 tasse d'huile végétale

Instructions

a) Mélanger les ingrédients secs dans un grand bol et fouetter jusqu'à ce que le mélange soit homogène. Dans une grande tasse à mesurer ou dans un bol séparé, mélanger les ingrédients restants et fouetter pour bien mélanger.

b) Ajoutez les ingrédients liquides aux ingrédients secs et fouettez jusqu'à consistance lisse.

c) Préchauffez le gaufrier au réglage souhaité.

d) Versez une petite tasse de pâte par le haut du bec verseur. Lorsque le signal sonore retentit, la gaufre est prête. Ouvrez soigneusement le gaufrier et retirez la gaufre cuite.

e) Fermez le gaufrier et répétez l'opération avec le reste de la pâte.

40. Gaufres aux fruits et sirop d'érable

Donne 3 gaufres

Ingrédients:
- 1½ tasse de farine de riz
- ¼ tasse de fécule de tapioca
- 2 cuillères à soupe de lait en poudre
- 2 cuillères à soupe de sucre blanc
- 2 cuillères à café de levure chimique
- ¾ cuillères à café de sel en flocons
- 1½ tasse de babeurre
- 1 gros œuf
- 2 cuillères à café d'extrait de vanille pure
- 1/3 tasse d'huile végétale

Instructions

a) Mélanger les ingrédients secs dans un grand bol et fouetter jusqu'à ce que le mélange soit homogène. Dans une grande tasse à mesurer ou dans un bol séparé, mélanger les ingrédients restants et fouetter pour bien mélanger.

b) Ajoutez les ingrédients liquides aux ingrédients secs et fouettez jusqu'à consistance lisse.

c) Préchauffez le gaufrier au réglage souhaité (un signal sonore retentit lors du préchauffage).

d) Versez 1 tasse pleine de pâte par le haut du bec verseur. Lorsque le signal sonore retentit, la gaufre est prête. Ouvrez soigneusement le gaufrier et retirez la gaufre cuite.

e) Fermez le gaufrier et répétez l'opération avec le reste de la pâte.

41. Gaufres à la polenta et à la ciboulette

Donne 6 gaufres

Ingrédients:
- 2 tasses de farine tout usage
- $\frac{1}{2}$ tasse de polenta ou de maïs séché
- 1 cuillère à café de sel en flocons
- $\frac{3}{4}$ cuillères à café de bicarbonate de soude
- $2\frac{1}{2}$ tasses de babeurre
- 3 gros œufs
- 2/3 tasse d'huile végétale
- $\frac{1}{4}$ tasse de ciboulette fraîche finement hachée

Instructions

a) Mélangez la farine, la polenta, le sel et le bicarbonate de soude dans un grand bol à mélanger et fouettez pour mélanger. Dans une grande tasse à mesurer ou un bol à mélanger séparé, mélangez les ingrédients liquides et fouettez pour mélanger.

b) Ajoutez les ingrédients secs et fouettez jusqu'à obtenir une consistance lisse. Incorporez la ciboulette.

c) Préchauffez le gaufrier au réglage souhaité (un signal sonore retentit lors du préchauffage).

d) Versez une petite tasse de pâte par le haut du bec verseur. Lorsque le signal sonore retentit, la gaufre est prête. Ouvrez soigneusement le gaufrier et retirez la gaufre cuite.

e) Fermez le gaufrier et répétez l'opération avec le reste de la pâte.

42. Gaufres au fromage épicé

Donne 6 gaufres

Ingrédients:
- 2 tasses de farine tout usage
- $\frac{1}{4}$ tasse de polenta ou de maïs séché
- $\frac{3}{4}$ cuillères à café de bicarbonate de soude
- $\frac{1}{2}$ cuillère à café de sel en flocons
- $\frac{1}{4}$ cuillère à café de poivre de Cayenne
- $2\frac{1}{2}$ tasses de babeurre
- 2 gros œufs
- 2/3 tasse d'huile végétale
- $\frac{1}{2}$ tasse de cheddar finement râpé

Instructions

a) Mélanger la farine, la polenta, le bicarbonate de soude, le sel et les épices dans un grand bol ; fouetter pour mélanger.

b) Dans une grande tasse à mesurer ou dans un bol à mélanger séparé, mélanger les ingrédients liquides et fouetter pour bien mélanger. Ajouter aux ingrédients secs et fouetter jusqu'à obtenir une consistance lisse. Incorporer le cheddar.

c) Préchauffez le gaufrier au réglage souhaité (un signal sonore retentit lors du préchauffage).

d) Versez lentement une petite tasse de pâte par le haut du bec verseur, en veillant à laisser la pâte s'écouler dans le gaufrier et à ne pas remplir le bec verseur de pâte en une seule fois.

e) Lorsque le signal sonore retentit, la gaufre est prête.

f) Ouvrez soigneusement le gaufrier et retirez la gaufre cuite.

g) Fermez le gaufrier et répétez l'opération avec le reste de la pâte.

43. Poulet et gaufres

Donne 8 portions

Ingrédients:

- 2 tasses de babeurre
- 1 cuillère à soupe de sauce piquante
- 1 cuillère à soupe de moutarde à la Dijon
- 1½ cuillère à café de sel en flocons, divisée
- 1½ cuillère à café de poivre noir fraîchement moulu
- 8 poitrines de poulet désossées et sans peau (700 g), pilées finement
- 2 tasses de farine tout usage
- 1½ cuillère à café de levure chimique
- 1 cuillère à café de paprika
- Huile végétale pour friture
- 4 gaufres préparées à la polenta et à la ciboulette

Instructions

a) Dans un bol moyen non réactif, mélangez le babeurre, la sauce piquante, la moutarde, 1 cuillère à café de sel et 1 cuillère à café de poivre fraîchement moulu.

b) Ajoutez les morceaux de poulet et enrobez-les bien du mélange de babeurre. Réfrigérez toute la nuit.

c) Dans un bol peu profond, mélangez la farine, la levure chimique, le paprika et le reste de sel et de poivre.

d) Préchauffez votre friteuse à 190°C.

e) Pendant que l'huile chauffe, recouvrez un plat de cuisson de papier absorbant et insérez une grille de refroidissement à l'intérieur du plat ; réservez.

f) Retirez le poulet du mélange de babeurre et enrobez légèrement chaque morceau de poulet uniformément avec le mélange de farine, en tapotant pour éliminer tout excédent.

g) Faites frire le poulet par lots, environ 3 minutes de chaque côté. La température interne du poulet doit être de 80 °C. Transférez-le sur la grille de refroidissement préparée.

h) Étalez du beurre composé ou de la mayonnaise sur chaque gaufre, puis placez 2 morceaux de poulet dessus ; arrosez d'une sauce sucrée savoureuse.

44. Gaufres au citron et aux graines de pavot

Donne 6 gaufres

Ingrédients:

- 2 tasses de farine tout usage
- 2 cuillères à soupe de polenta
- 2 cuillères à soupe de sucre blanc
- 2 cuillères à soupe de graines de pavot
- ¾ cuillères à café de bicarbonate de soude
- ¾ cuillères à café de sel en flocons
- 2½ tasses de babeurre
- 2 gros œufs
- 1 cuillère à soupe de zeste de citron râpé
- 1 cuillère à café de jus de citron frais
- 1 cuillère à café d'extrait de vanille pure
- 2/3 tasse d'huile végétale

Instructions

a) Mélanger tous les ingrédients secs dans un grand bol et fouetter jusqu'à ce que le mélange soit homogène. Dans une grande tasse à mesurer ou dans un bol séparé, mélanger les ingrédients restants et fouetter pour bien mélanger.

b) Ajoutez les ingrédients liquides aux ingrédients secs et fouettez jusqu'à consistance lisse.

c) Préchauffez le gaufrier au réglage souhaité.

d) Versez une petite tasse de pâte par le haut du bec verseur. Lorsque le signal sonore retentit, la gaufre est prête. Ouvrez soigneusement le gaufrier et retirez la gaufre cuite.

e) Fermez le gaufrier et répétez l'opération avec le reste de la pâte.

45. Gaufres à la ricotta et aux framboises

Donne 6 gaufres

Ingrédients :
- 2 tasses de farine tout usage
- 2 cuillères à soupe de polenta
- 2 cuillères à soupe de sucre blanc
- ¾ cuillères à café de bicarbonate de soude
- ¾ cuillères à café de sel en flocons
- 2 tasses de babeurre
- 2 gros œufs
- 2/3 tasse de ricotta
- 1 cuillère à café d'extrait de vanille pure
- ½ tasse d'huile végétale
- ¼ tasse de confiture/conserve de framboises

Instructions

a) Mélanger les ingrédients secs dans un grand bol à mélanger et fouetter jusqu'à ce que le mélange soit homogène. Dans une grande tasse à mesurer ou un bol à mélanger séparé, mélanger le babeurre, les œufs, la ricotta, l'extrait de vanille et l'huile et fouetter pour mélanger.

b) Ajoutez les ingrédients liquides aux ingrédients secs et fouettez jusqu'à obtenir une consistance lisse. Déposez la confiture/conserve sur la pâte et mélangez.

c) Préchauffez le gaufrier au réglage souhaité (un signal sonore retentit lors du préchauffage).

d) Versez lentement une petite tasse de pâte par le haut du bec verseur, en veillant à laisser la pâte couler dans le gaufrier et à ne pas remplir le bec verseur de pâte en une seule fois.

e) Lorsque le signal sonore retentit, la gaufre est prête. Ouvrez soigneusement le gaufrier et sortez la gaufre cuite.

f) Fermez le gaufrier et répétez l'opération avec le reste de la pâte.

46. Gaufres à la banane

Donne 6 gaufres

Ingrédients:

- 2 tasses de farine tout usage
- 2 cuillères à soupe de polenta ou de maïs séché
- 2 cuillères à soupe de sucre brun clair
- ¾ cuillères à café de bicarbonate de soude
- ¾ cuillères à café de sel en flocons
- ¼ cuillère à café de cannelle moulue
- 2 tasses de babeurre
- 2 gros œufs
- 1 tasse de banane écrasée
- 2 cuillères à café d'extrait de vanille pure
- 2/3 tasse d'huile végétale

Instructions

a) Mélanger les ingrédients secs dans un grand bol et fouetter jusqu'à ce que le tout soit bien mélangé.

b) Dans une grande tasse à mesurer ou dans un bol à mélanger séparé, mélangez les ingrédients restants et fouettez pour mélanger (assurez-vous que la banane est bien mélangée).

c) S'il y a des grumeaux, vous pouvez les lisser à l'aide d'un mixeur plongeant ou de comptoir, ou d'un robot culinaire.

d) Ajoutez les ingrédients liquides aux ingrédients secs et fouettez jusqu'à consistance lisse.

e) Préchauffez le gaufrier au réglage souhaité (un signal sonore retentit lors du préchauffage).

f) Versez une petite tasse de pâte par le haut du bec verseur. Lorsque le signal sonore retentit, la gaufre est prête. Ouvrez soigneusement le gaufrier et retirez la gaufre cuite.

g) Fermez le gaufrier et répétez l'opération avec le reste de la pâte.

47. Gaufres au chocolat

Donne 6 gaufres

Ingrédients:
- 2 tasses de farine tout usage
- $\frac{1}{2}$ tasse de sucre blanc
- 2/3 tasse de poudre de cacao non sucrée, tamisée
- 2 cuillères à café de levure chimique
- $\frac{1}{2}$ cuillère à café de bicarbonate de soude
- $\frac{1}{2}$ cuillère à café de sel en flocons
- $\frac{1}{2}$ cuillère à café de cannelle moulue
- $2\frac{1}{2}$ tasses de babeurre
- 2 gros œufs
- 1 cuillère à café d'extrait de vanille pure
- 1/3 tasse d'huile végétale
- $\frac{1}{2}$ tasse de mini chocolat mi-sucré
- morceaux

Instructions

a) Mélanger la farine, le sucre, la poudre de cacao, la levure chimique, le bicarbonate de soude, le sel et la cannelle dans un grand bol ; fouetter pour mélanger.

b) Dans une grande tasse à mesurer ou dans un bol à mélanger séparé, mélangez les ingrédients liquides et fouettez pour mélanger.

c) Ajoutez les ingrédients secs et fouettez jusqu'à obtenir une consistance lisse. Incorporez les morceaux.

d) Préchauffez le gaufrier au réglage souhaité (un signal sonore retentit lors du préchauffage).

e) Versez une petite tasse de pâte par le haut du bec verseur. Lorsque le signal sonore retentit, la gaufre est prête. Ouvrez soigneusement le gaufrier et retirez la gaufre cuite.

f) Fermez le gaufrier et répétez l'opération avec le reste de la pâte.

48. Gaufres à la cannelle et au sucre

Donne 6 gaufres

Ingrédients:

- 2 tasses de farine tout usage
- 2 cuillères à soupe de polenta ou de maïs séché
- $\frac{1}{4}$ tasse de sucre brun clair ou foncé tassé
- 1 cuillère à café de cannelle moulue
- $\frac{3}{4}$ cuillères à café de bicarbonate de soude
- $\frac{3}{4}$ cuillères à café de sel en flocons
- $2\frac{1}{2}$ tasses de babeurre
- 2 gros œufs
- 1 cuillère à café d'extrait de vanille pure
- 2/3 tasse d'huile végétale

Instructions

a) Mélanger les ingrédients secs dans un grand bol et fouetter jusqu'à ce que le tout soit bien mélangé.

b) Dans une grande tasse à mesurer ou dans un bol à mélanger séparé, mélanger les ingrédients restants et fouetter pour mélanger.

c) Ajoutez les ingrédients secs et fouettez jusqu'à consistance lisse.

d) Préchauffez le gaufrier au réglage souhaité (un signal sonore retentit lors du préchauffage).

e) Versez une petite tasse de pâte par le haut du bec verseur. Lorsque le signal sonore retentit, la gaufre est prête. Ouvrez soigneusement le gaufrier et retirez la gaufre cuite.

f) Fermez le gaufrier et répétez l'opération avec le reste de la pâte.

49. Gaufres au shortcake aux fraises

Donne 4 portions

Ingrédients :
- 1 litre de fraises fraîches, équeutées et tranchées
- 3 cuillères à soupe de sucre blanc
- Pincée de sel en flocons
- 1 tasse de crème épaisse
- 3 cuillères à soupe de sucre glace
- ½ cuillère à café d'extrait de vanille pure
- gaufres préparées

Instructions

a) Dans un bol moyen, mélanger les fraises, le sucre blanc et une pincée de sel. Laisser macérer jusqu'au moment de servir.

b) Dans un grand bol, mélanger la crème épaisse, le sucre glace, la vanille et le sel.

c) À l'aide d'un batteur à main muni d'un fouet, fouettez jusqu'à l'obtention de pics moyennement mous. Réservez.

d) Pour servir, garnir de crème fouettée, puis de quelques fraises macérées.

e) Versez un peu de jus de fraises (récupéré au fond du bol) sur les fraises. Saupoudrez de sucre glace si vous le souhaitez.

f) Pour chaque gaufre, vous n'aurez besoin que d'environ 1/3 tasse de crème fouettée et 1/3 tasse de fraises.

CRÊPES

50. Crêpes au velours rouge

Ingrédients:

Garniture

- ½ tasse de kéfir nature
- 2 cuillères à soupe de sucre en poudre

Crêpes

- 1¾ tasse de flocons d'avoine à l'ancienne
- 3 cuillères à soupe de poudre de cacao
- 1½ cuillère à café de levure chimique
- 1 cuillère à café de bicarbonate de soude
- ¼ cuillère à café de sel
- 3 cuillères à soupe de sirop d'érable
- 2 cuillères à soupe d'huile de coco (fondue)
- 1½ tasse de lait faible en gras à 2 %
- 1 gros œuf
- 1 cuillère à café de colorant alimentaire rouge
- Copeaux ou pépites de chocolat, pour servir

Instructions

a) Pour la garniture, ajoutez les deux ingrédients dans un petit bol et remuez jusqu'à ce que le tout soit bien mélangé. Réservez.

b) Pour les crêpes, ajoutez tous les ingrédients dans un mixeur à grande vitesse et mixez à vitesse élevée pour liquéfier. Assurez-vous que tout est bien mélangé.
c) Laissez reposer la pâte pendant 5 à 10 minutes. Cela permet à tous les ingrédients de se mélanger et donne à la pâte une meilleure consistance.
d) Vaporisez généreusement une poêle ou une plaque chauffante antiadhésive d'huile végétale et faites chauffer à feu moyen.
e) Une fois la poêle chaude, ajoutez la pâte à l'aide d'une tasse à mesurer de $\frac{1}{4}$ de tasse et versez la pâte dans la poêle pour faire la crêpe. Utilisez la tasse à mesurer pour vous aider à façonner la crêpe.
f) Cuire jusqu'à ce que les côtés semblent pris et que des bulles se forment au milieu (environ 2 à 3 minutes), puis retourner la crêpe.
g) Une fois la crêpe cuite de ce côté, retirez-la du feu et placez-la sur une assiette.

h) Continuez ces étapes avec le reste de la pâte.
i) Empilez et servez avec de la garniture et des pépites de chocolat.

51. Crêpes au chocolat noir

Ingrédients:

Remplissage

- 1 tasse de pépites de chocolat noir
- ½ tasse de crème à fouetter épaisse

Crêpes

- 1¾ tasse de flocons d'avoine à l'ancienne
- 1½ cuillère à café de levure chimique
- 1 cuillère à café de bicarbonate de soude
- ½ cuillère à café de cannelle
- ¼ cuillère à café de sel
- 2 cuillères à soupe d'huile de coco (fondue)
- 1 cuillère à soupe de sirop d'érable
- 1 cuillère à café d'extrait de vanille
- 1½ tasse de lait faible en gras à 2 %
- 1 gros œuf
- Sucre en poudre et fraises tranchées, pour servir

Instructions

Pour la garniture

a) Versez les pépites de chocolat dans un bol et versez la crème dans une petite casserole.

b) Chauffer la crème jusqu'à ce que les bords bouillonnent, puis verser sur le chocolat.
c) Laissez reposer le chocolat pendant 2 minutes (cela aide le chocolat à fondre), puis remuez pour former une ganache épaisse.
d) Tapisser une plaque à pâtisserie de papier sulfurisé.
e) Huiler l'intérieur d'un emporte-pièce rond de 2 pouces.
f) Versez 1 cuillère à café de chocolat dans l'emporte-pièce et étalez-le de manière à former un cercle. Retirez l'emporte-pièce et continuez à faire des cercles de ganache (vous devriez en obtenir environ six).
g) Placez la plaque de cuisson au congélateur et congelez la ganache pendant au moins 4 heures à toute la nuit.

Pour les crêpes

a) Ajoutez tous les ingrédients, sauf les fraises, dans un mélangeur à grande vitesse et mixez à vitesse élevée pour liquéfier. Assurez-vous que tout est bien mélangé.

b) Versez la pâte dans un bol et laissez-la reposer 2 à 3 minutes. Cela permet à la pâte de s'épaissir et de retenir le chocolat lorsque vous retournez les crêpes.
c) Vaporisez généreusement une poêle ou une plaque chauffante antiadhésive d'huile végétale et faites chauffer à feu moyen.
d) Une fois la poêle chaude, utilisez une tasse à mesurer de $\frac{1}{4}$ tasse pour verser la pâte dans une poêle.
e) Étalez délicatement la pâte en forme ronde à l'aide de la tasse à mesurer.
f) Placez 1 cercle de ganache congelé (retourné de manière à ce que le côté grumeleux soit vers le bas) au centre de la pâte et appuyez doucement dessus. Versez davantage de pâte sur le cercle de ganache jusqu'à ce qu'il soit recouvert.
g) Cuire jusqu'à ce que la pâte soit sèche au toucher (environ 3 à 4 minutes), puis retourner délicatement la crêpe.
h) Poursuivez la cuisson jusqu'à ce que l'autre côté de la crêpe soit doré.

i) Une fois la crêpe cuite de ce côté, retirez la crêpe du feu et placez-la sur une assiette.
j) Continuez avec le reste de la pâte et du chocolat.
k) Servez les crêpes avec du sucre glace et des fraises tranchées.

52. Pancakes à l'ananas à l'envers

Ingrédients:

- 1 boîte (20 onces) de rondelles d'ananas (égouttées)
- $1\frac{3}{4}$ tasse de flocons d'avoine à l'ancienne
- $1\frac{1}{2}$ cuillère à café de levure chimique
- 1 cuillère à café de bicarbonate de soude
- $\frac{1}{2}$ cuillère à café de cannelle
- $\frac{1}{4}$ cuillère à café de sel
- 2 cuillères à soupe de sirop d'érable
- 2 cuillères à soupe d'huile de coco (fondue)
- $1\frac{1}{2}$ tasse de lait faible en gras à 2 %
- 1 gros œuf
- Sucre roux
- Cerises au marasquin (équeutées et coupées en deux), pour servir

Instructions

a) Placez les rondelles d'ananas sur une double couche de papier absorbant pour égoutter l'excès de liquide.

b) Ajoutez tous les ingrédients, sauf l'ananas, la cassonade et les cerises au marasquin, dans un mélangeur à grande vitesse et mixez à vitesse élevée pour liquéfier. Assurez-vous que tout est bien mélangé.

c) Versez la pâte dans un bol et laissez-la reposer 2 à 3 minutes. Cela permet à la pâte de s'épaissir et de pouvoir retenir les rondelles d'ananas lorsque vous retournez les crêpes.

d) Vaporisez généreusement une poêle ou une plaque chauffante antiadhésive d'huile végétale et faites chauffer à feu moyen.

e) Une fois la poêle chaude, utilisez une tasse à mesurer de $\frac{1}{4}$ de tasse pour verser la pâte dans la poêle. Étalez délicatement la pâte en forme ronde à l'aide de la tasse à mesurer.

f) Placez l'anneau d'ananas au centre de la pâte et appuyez-le doucement dans la pâte. Saupoudrez légèrement de sucre brun directement sur l'anneau d'ananas.

g) Cuire jusqu'à ce que la pâte soit sèche au toucher (environ 3 à 4 minutes), puis retourner délicatement la crêpe.

h) Poursuivez la cuisson jusqu'à ce que l'ananas soit bien caramélisé.

i) Une fois la crêpe cuite de ce côté, retirez la crêpe du feu et placez-la sur une assiette.
j) Servir chaque crêpe avec une cerise au marasquin placée au centre de l'ananas.

53. Crêpes au citron meringué

Ingrédients:

Meringue

- 4 gros blancs d'oeufs
- 3 cuillères à soupe de sucre

Crêpes

- 2 oeufs
- $\frac{1}{2}$ tasse de fromage cottage
- $\frac{1}{2}$ cuillère à café d'extrait de vanille
- 1 cuillère à soupe de miel
- $\frac{1}{4}$ tasse de farine d'épeautre
- $\frac{1}{2}$ cuillère à café de levure chimique
- $\frac{1}{4}$ cuillère à café de bicarbonate de soude
- 2 cuillères à café de mélange Jell-O au citron sans sucre

Instructions

Pour la meringue

    a) Ajoutez les blancs d'œufs dans un saladier et battez jusqu'à ce que des pics mous se forment. Les pics mous se forment lorsque vous retirez les batteurs du mélange et que le pic se forme mais retombe rapidement.

    b) Ajoutez le sucre aux blancs d'œufs et continuez à battre jusqu'à ce que des pics fermes se forment. Les pics fermes se forment lorsque vous retirez les batteurs du mélange et que le pic se forme et conserve sa forme.

    c) Réservez la meringue.

    d) Fouettez les œufs, le fromage cottage, la vanille et le miel ensemble et réservez.

    e) Dans un autre bol, fouettez les ingrédients secs ensemble jusqu'à ce qu'ils soient bien mélangés.

    f) Ajoutez les ingrédients humides aux ingrédients secs et fouettez jusqu'à ce que le tout soit bien mélangé.

    g) Vaporisez généreusement une poêle ou une plaque chauffante antiadhésive

d'huile végétale et faites chauffer à feu moyen.

h) Une fois la poêle chaude, ajoutez la pâte à l'aide d'une tasse à mesurer de $\frac{1}{4}$ de tasse et versez la pâte dans la poêle pour faire la crêpe. Utilisez la tasse à mesurer pour vous aider à façonner la crêpe.

i) Cuire jusqu'à ce que les côtés semblent pris et que des bulles se forment au milieu (environ 2 à 3 minutes), puis retourner la crêpe.

j) Une fois la crêpe cuite de ce côté, retirez-la du feu et placez-la sur une assiette.

k) Continuez ces étapes avec le reste de la pâte.

l) Garnir les crêpes de meringue.

m) Pour griller la meringue, vous pouvez soit utiliser un chalumeau pour dorer légèrement les bords, soit placer les crêpes garnies sous un gril chaud pendant 2 à 3 minutes.

54. Crêpes à la cannelle

Ingrédients:

Garniture au fromage à la crème et aux noix de cajou

- 1 tasse de noix de cajou crues
- ⅓ tasse d'eau
- 2 cuillères à soupe de miel
- 1 cuillère à café de vinaigre de cidre de pomme
- 1 cuillère à café de jus de citron
- ½ cuillère à café d'extrait de vanille
- ½ cuillère à café de sel casher

Garniture à la cannelle

- ½ tasse de cassonade
- 4 cuillères à soupe de beurre fondu
- 3 cuillères à café de cannelle

Crêpes

- 1¾ tasse de flocons d'avoine à l'ancienne
- 1½ cuillère à café de levure chimique
- 1 cuillère à café de bicarbonate de soude
- ½ cuillère à café de cannelle
- ¼ cuillère à café de sel
- 2 cuillères à soupe d'huile de coco, fondue
- 1 cuillère à soupe de sirop d'érable
- 1 gros œuf

- 1 cuillère à café d'extrait de vanille
- 1½ tasse de lait faible en gras à 2 %

Instructions

a) Faire tremper les noix de cajou dans l'eau pendant une nuit.
b) Égouttez les noix de cajou, puis ajoutez-les dans un mixeur avec le reste des ingrédients.
c) Mixez le mélange de noix de cajou jusqu'à ce qu'il soit crémeux et sans grumeaux.
d) Versez la garniture dans un petit récipient avec couvercle et réservez.

Pour la garniture à la cannelle

a) Ajoutez tous les ingrédients ensemble et remuez pour mélanger, en vous assurant d'avoir brisé tous les grumeaux.
b) Versez ce mélange dans un sac à sandwich. Coupez le coin du sac et utilisez-le comme un sac à presser pour déposer le tourbillon de cannelle sur les crêpes.

Pour les crêpes

a) Ajoutez tous les ingrédients dans un mixeur. L'huile de coco fondue peut durcir lorsqu'elle est mélangée à des ingrédients plus froids, vous pouvez donc légèrement réchauffer le lait pour éviter que cela ne se produise si vous le souhaitez.

b) Mixez le tout au mixeur jusqu'à obtenir un liquide lisse.

c) Versez la préparation à crêpes dans un grand bol.

d) Laissez reposer la pâte pendant 5 à 10 minutes. Cela permet à tous les ingrédients de se mélanger et donne à la pâte une meilleure consistance.

e) Vaporisez généreusement une poêle ou une plaque chauffante antiadhésive d'huile végétale et faites chauffer à feu moyen.

f) Une fois la poêle chaude, ajoutez la pâte à l'aide d'une tasse à mesurer de $\frac{1}{4}$ de tasse et versez la pâte dans la poêle pour faire la crêpe. Étalez délicatement la pâte en forme ronde à l'aide de la tasse à mesurer.

g) Coupez la pointe du sachet de garniture à la cannelle et pressez un tourbillon de cannelle sur la crêpe.

h) Cuire jusqu'à ce que les côtés semblent pris et que des bulles se forment au milieu (environ 2 à 3 minutes), puis retourner la crêpe.
i) Une fois la crêpe cuite de ce côté, retirez-la du feu et placez-la sur une assiette.
j) Servez les crêpes avec la garniture au fromage à la crème de noix de cajou.

55. Crêpes au kéfir

Ingrédients:

- 1½ tasse de farine d'épeautre
- 1½ cuillère à café de levure chimique
- 1 cuillère à café de bicarbonate de soude
- ½ cuillère à café de sel
- 2 cuillères à soupe d'huile de coco, fondue
- 2 gros œufs battus
- ¼ tasse de lait faible en gras à 2 %
- 1¼ tasse de kéfir nature, légèrement réchauffé
- ¼ tasse de sirop d'érable
- Myrtilles, pour servir (facultatif)

Instructions

a) Ajoutez la farine, la levure chimique, le bicarbonate de soude et le sel dans un grand bol et fouettez pour bien mélanger.

b) Ajoutez les ingrédients restants dans un autre bol et fouettez pour bien mélanger. L'huile de coco fondue peut durcir lorsqu'elle est mélangée à des ingrédients plus froids, vous pouvez donc légèrement réchauffer le lait pour éviter que cela ne se produise si vous le souhaitez.

c) Versez les ingrédients humides dans les ingrédients secs et fouettez pour mélanger jusqu'à ce que tous les ingrédients soient humides.

d) Laissez reposer la pâte 2 à 3 minutes. Cela permet à tous les ingrédients de se mélanger et donne à la pâte une meilleure consistance.

e) Vaporisez généreusement une poêle ou une plaque chauffante antiadhésive d'huile végétale et faites chauffer à feu moyen.

f) Une fois la poêle chaude, ajoutez la pâte à l'aide d'une tasse à mesurer de $\frac{1}{4}$ de tasse et versez la pâte dans la poêle pour faire la crêpe. Utilisez la tasse à mesurer pour vous aider à façonner la crêpe.

g) Cuire jusqu'à ce que les côtés semblent pris et que des bulles se forment au milieu (environ 2 à 3 minutes), puis retourner la crêpe.

h) Une fois la crêpe cuite de ce côté, retirez-la du feu et placez-la sur une assiette.

i) Continuez ces étapes avec le reste de la pâte. Servez avec des myrtilles, si vous le souhaitez.

56. Crêpes au fromage blanc

Ingrédients:

- ¼ tasse de farine d'épeautre
- ½ cuillère à café de levure chimique
- ¼ cuillère à café de bicarbonate de soude
- ⅛ cuillère à café de cannelle
- ⅛ cuillère à café de sel
- 2 gros œufs battus
- ½ tasse de fromage cottage faible en gras à 2 %
- 1 cuillère à soupe de miel
- ½ cuillère à café d'extrait de vanille
- Fraises, pour servir (facultatif)

Instructions

a) Ajoutez tous les ingrédients secs dans un bol et fouettez jusqu'à ce que le tout soit bien mélangé.
b) Dans un bol séparé, fouettez ensemble les ingrédients humides.
c) Ajoutez les ingrédients humides aux ingrédients secs et fouettez pour bien les mélanger.
d) Laissez reposer la pâte pendant 5 à 10 minutes. Cela permet à tous les

ingrédients de se mélanger et d'obtenir une meilleure consistance de la pâte.
e) Vaporisez généreusement une poêle ou une plaque chauffante antiadhésive d'huile végétale et faites chauffer à feu moyen.
f) Une fois la poêle chaude, ajoutez la pâte à l'aide d'une tasse à mesurer de ¼ de tasse et versez la pâte dans la poêle pour faire la crêpe. Utilisez la tasse à mesurer pour vous aider à façonner la crêpe.
g) Cuire jusqu'à ce que les côtés semblent pris et que des bulles se forment au milieu (environ 2 à 3 minutes), puis retourner la crêpe.
h) Une fois la crêpe cuite de ce côté, retirez-la du feu et placez-la sur une assiette.
i) Continuez ces étapes avec le reste de la pâte. Servez avec des fraises, si vous le souhaitez.

57. Crêpes à l'avoine

Ingrédients:

- 1¾ tasse de flocons d'avoine à l'ancienne
- 1½ cuillère à café de levure chimique
- 1 cuillère à café de bicarbonate de soude
- ½ cuillère à café de cannelle
- ¼ cuillère à café de sel
- 2 cuillères à soupe d'huile de coco, fondue
- 1 cuillère à soupe de sirop d'érable
- 1 gros œuf
- 1 cuillère à café d'extrait de vanille
- 1½ tasse de lait faible en gras à 2 %
- Fraises et myrtilles, pour servir (facultatif)

Instructions

a) Ajoutez tous les ingrédients dans un mixeur. L'huile de coco fondue peut durcir lorsqu'elle est mélangée à des ingrédients plus froids, vous pouvez donc légèrement réchauffer le lait pour éviter que cela ne se produise si vous le souhaitez.

b) Mixez le tout au mixeur jusqu'à obtenir un liquide lisse.

c) Versez la préparation à crêpes dans un grand bol.

d) Laissez reposer la pâte pendant 5 à 10 minutes. Cela permet à tous les ingrédients de se mélanger et donne à la pâte une meilleure consistance.

e) Vaporisez généreusement une poêle ou une plaque chauffante antiadhésive d'huile végétale et faites chauffer à feu moyen.

f) Une fois la poêle chaude, ajoutez la pâte à l'aide d'une tasse à mesurer de $\frac{1}{4}$ de tasse et versez la pâte dans la poêle pour faire la crêpe. Utilisez la tasse à mesurer pour vous aider à façonner la crêpe.

g) Cuire jusqu'à ce que les côtés semblent pris et que des bulles se forment au milieu (environ 2 à 3 minutes), puis retourner la crêpe.

h) Une fois la crêpe cuite de ce côté, retirez-la du feu et placez-la sur une assiette.

i) Continuez ces étapes avec le reste de la pâte. Servez avec des baies, si vous le souhaitez.

58. Crêpes à 3 ingrédients

Ingrédients:

- 1 banane mûre, plus pour servir
- 2 gros œufs
- ½ cuillère à café de levure chimique

Instructions

a) Ajoutez la banane dans un bol et écrasez-la jusqu'à ce qu'elle soit bien crémeuse, sans grumeaux.

b) Cassez les œufs dans un autre bol et fouettez jusqu'à ce qu'ils soient bien mélangés.

c) Ajoutez la levure chimique dans le bol de bananes puis versez les œufs. Fouettez pour bien mélanger le tout.

d) Vaporisez généreusement une poêle ou une plaque chauffante antiadhésive d'huile végétale et faites chauffer à feu moyen.

e) Une fois la poêle chaude, ajoutez 2 cuillères à soupe de pâte dans la poêle pour faire la crêpe.

f) Cuire jusqu'à ce que les côtés semblent pris (vous ne verrez pas de bulles), puis retourner soigneusement la crêpe.

g) Une fois la crêpe cuite de ce côté, retirez la crêpe du feu et placez-la sur une assiette.

h) Continuez ces étapes avec le reste de la pâte. Servez avec des tranches de banane, si vous le souhaitez.

59. Crêpes au beurre d'amandes

Ingrédients:

- 1 gros œuf
- 1 cuillère à soupe d'huile de coco fondue
- 1 cuillère à soupe de sirop d'érable
- 1 cuillère à soupe de beurre d'amande, plus pour servir
- 1 cuillère à café de levure chimique
- $\frac{1}{2}$ cuillère à café d'extrait de vanille
- $\frac{1}{4}$ cuillère à café de sel
- $\frac{1}{2}$ tasse de lait écrémé à 2 %
- $\frac{3}{4}$ tasse de farine d'épeautre
- Cerises, pour servir (facultatif)

Instructions

a) Dans un grand bol, ajoutez l'œuf, l'huile de coco, le sirop d'érable, le beurre d'amande, la poudre à pâte, la vanille et le sel, puis fouettez pour bien mélanger.

b) Ajoutez le lait au mélange et fouettez à nouveau pour mélanger.

c) Ajoutez la farine au mélange et fouettez pour bien mélanger les ingrédients.

d) Laissez reposer la pâte 2 à 3 minutes. Cela permet à la pâte de s'épaissir et à tous les ingrédients de se mélanger.

e) Vaporisez généreusement une poêle ou une plaque chauffante antiadhésive d'huile végétale et faites chauffer à feu moyen.

f) Une fois la poêle chaude, ajoutez la pâte à l'aide d'une tasse à mesurer de $\frac{1}{4}$ de tasse et versez la pâte dans la poêle pour faire la crêpe. Utilisez la tasse à mesurer pour vous aider à façonner la crêpe.

g) Cuire jusqu'à ce que les côtés semblent pris et que des bulles se forment au milieu (environ 2 à 3 minutes), puis retourner la crêpe.

h) Une fois la crêpe cuite de ce côté, retirez-la du feu et placez-la sur une assiette.

i) Continuez ces étapes avec le reste de la pâte.

j) Servez les crêpes avec du beurre d'amandes fondu et des cerises, si vous le souhaitez. Pour faire fondre le beurre d'amandes, prélevez la quantité désirée dans un plat allant au micro-ondes et faites chauffer à puissance élevée par intervalles de 30 secondes jusqu'à ce qu'il soit fondu. Remuez entre chaque chauffage.

60. Crêpes au tiramisu

Ingrédients:

- 1¾ tasse de flocons d'avoine à l'ancienne
- 1½ cuillère à soupe de mélange à pudding Jell-O à la vanille sans sucre
- 2 cuillères à café d'espresso instantané
- 1½ cuillère à café de poudre de cacao
- 1½ cuillère à café de levure chimique
- 1 cuillère à café de bicarbonate de soude
- ½ cuillère à café de cannelle
- ¼ cuillère à café de sel
- 2 cuillères à soupe d'huile de coco, fondue
- 1 cuillère à soupe de sirop d'érable
- 1 gros œuf
- 1 cuillère à café d'extrait de vanille
- 1 tasse de lait faible en gras à 2 %
- Crème fouettée, pour servir
- Copeaux de chocolat, pour servir

Instructions

a) Ajoutez tous les ingrédients, à l'exception de la crème fouettée et des copeaux de chocolat, dans un mixeur. L'huile de coco fondue peut durcir lorsqu'elle est mélangée à des ingrédients plus froids, vous pouvez donc légèrement réchauffer le lait pour éviter que cela ne se produise si vous le souhaitez.

b) Mixez le tout au mixeur jusqu'à obtenir un liquide lisse.

c) Versez la préparation à crêpes dans un grand bol.

d) Laissez reposer la pâte 2 à 3 minutes. Cela permet à tous les ingrédients de se mélanger et donne à la pâte une meilleure consistance.

e) Vaporisez généreusement une poêle ou une plaque chauffante antiadhésive d'huile végétale et faites chauffer à feu moyen.

f) Une fois la poêle chaude, ajoutez la pâte à l'aide d'une tasse à mesurer de $\frac{1}{4}$ de tasse et versez la pâte dans la poêle pour faire la crêpe. Utilisez la tasse à mesurer pour vous aider à façonner la crêpe.

g) Cuire jusqu'à ce que les côtés semblent pris et que des bulles se forment au milieu (environ 2 à 3 minutes), puis retourner la crêpe.

h) Une fois la crêpe cuite de ce côté, retirez-la du feu et placez-la sur une assiette.

i) Continuez ces étapes avec le reste de la pâte.

j) Garniture avec crème fouettée et copeaux de chocolat.

61. Pancakes aux myrtilles et au citron

Ingrédients:

- 1½ tasse de farine d'épeautre
- 1½ cuillère à café de levure chimique
- 1 cuillère à café de bicarbonate de soude
- ½ cuillère à café de sel
- Zeste d'un citron
- 2 cuillères à soupe d'huile de coco, fondue
- 2 gros œufs battus
- ¼ tasse de lait faible en gras à 2 %
- ¼ tasse de sirop d'érable, plus pour servir
- 1¼ tasse de kéfir nature (légèrement réchauffé)
- ½ tasse de bleuets

Instructions

a) Ajoutez la farine, la levure chimique, le bicarbonate de soude et le sel dans un grand bol et fouettez pour bien mélanger.

b) Ajoutez l'huile de coco, les œufs, le lait, le sirop d'érable, le zeste de citron et le kéfir dans un bol et fouettez pour mélanger. L'huile de coco fondue peut durcir lorsqu'elle est mélangée à des ingrédients plus froids, vous pouvez donc réchauffer légèrement le kéfir pour éviter que cela ne se produise si vous le souhaitez.

c) Versez les ingrédients humides dans les ingrédients secs et fouettez pour mélanger jusqu'à ce que tous les ingrédients soient humides.

d) Laissez reposer la pâte 2 à 3 minutes. Cela permet à tous les ingrédients de se mélanger et donne à la pâte une meilleure consistance.

e) Vaporisez généreusement une poêle ou une plaque chauffante antiadhésive

d'huile végétale et faites chauffer à feu moyen.

f) Une fois la poêle chaude, ajoutez la pâte à l'aide d'une tasse à mesurer de ¼ de tasse et versez la pâte dans la poêle pour faire la crêpe. Utilisez la tasse à mesurer pour vous aider à façonner la crêpe.

g) Déposez 3 à 5 myrtilles sur chaque crêpe. Gardez les myrtilles vers le centre pour pouvoir retourner la crêpe plus facilement.

h) Cuire jusqu'à ce que les côtés semblent pris et que des bulles se forment au milieu (environ 2 à 3 minutes), puis retourner la crêpe.

i) Une fois la crêpe cuite de ce côté, retirez-la du feu et placez-la sur une assiette.

j) Continuez ces étapes avec le reste de la pâte. Servez avec du sirop d'érable.

62. Crêpes au quinoa

Ingrédients:

- 1 tasse (n'importe quelle couleur) de quinoa cuit
- ¾ tasse de farine de quinoa
- 2 cuillères à café de levure chimique
- ½ cuillère à café de sel
- 1 cuillère à soupe de beurre fondu
- ¼ tasse de yaourt grec
- 2 cuillères à soupe de lait écrémé à 2 %
- 2 gros œufs battus
- 2 cuillères à soupe de sirop d'érable
- 1 cuillère à café d'extrait de vanille
- Conserves de fruits, pour servir (facultatif)

Instructions

a) Dans un grand bol, ajoutez le quinoa, la farine, la levure chimique et le sel et fouettez pour bien mélanger.

b) Dans un autre bol, fouettez le beurre, le yaourt, le lait, les œufs, le sirop d'érable et la vanille. Fouettez le tout pour bien mélanger.

c) Ajoutez les ingrédients humides aux ingrédients secs et fouettez jusqu'à ce que le tout soit bien mélangé.

d) Laissez reposer la pâte 2 à 3 minutes. Cela permet à tous les ingrédients de se mélanger et donne à la pâte une meilleure consistance.

e) Vaporisez généreusement une poêle ou une plaque chauffante antiadhésive d'huile végétale et faites chauffer à feu moyen.

f) Une fois la poêle chaude, ajoutez la pâte à l'aide d'une tasse à mesurer de $\frac{1}{4}$ de tasse et versez la pâte dans la poêle pour faire la crêpe. Utilisez la tasse à mesurer pour vous aider à façonner la crêpe.

g) Cuire jusqu'à ce que les côtés semblent pris et que des bulles se forment au milieu (environ 2 à 3 minutes), puis retourner la crêpe.

h) Une fois la crêpe cuite de ce côté, retirez-la du feu et placez-la sur une assiette.

i) Continuez ces étapes avec le reste de la pâte. Servez avec des confitures de fruits, si vous le souhaitez.

63. Crêpes à l'avoine et au yaourt grec

Ingrédients:

- 1¾ tasse de flocons d'avoine à l'ancienne
- 1½ cuillère à café de levure chimique
- 1 cuillère à café de bicarbonate de soude
- ½ cuillère à café de cannelle
- ¼ cuillère à café de sel
- 1 gros œuf
- 2 cuillères à soupe d'huile de coco, fondue
- 1 cuillère à soupe de sirop d'érable, plus pour servir
- 1 cuillère à café d'extrait de vanille
- 1 tasse de yaourt grec nature
- ¼ tasse de lait faible en gras à 2 %

Instructions

a) Ajoutez tous les ingrédients dans un mixeur. L'huile de coco fondue peut durcir lorsqu'elle est mélangée à des ingrédients plus froids, vous pouvez donc légèrement réchauffer le lait pour éviter que cela ne se produise si vous le souhaitez.

b) Mixez le tout au mixeur jusqu'à obtenir un liquide lisse.

c) Versez la préparation à crêpes dans un grand bol.
d) Laissez reposer la pâte pendant 5 à 10 minutes. Cela permet à tous les ingrédients de se mélanger et donne à la pâte une meilleure consistance.
e) Vaporisez généreusement une poêle ou une plaque chauffante antiadhésive d'huile végétale et faites chauffer à feu moyen.
f) Une fois la poêle chaude, ajoutez la pâte à l'aide d'une tasse à mesurer de $\frac{1}{4}$ de tasse et versez la pâte dans la poêle pour faire la crêpe. Utilisez la tasse à mesurer pour vous aider à façonner la crêpe.
g) Laissez cuire jusqu'à ce que les côtés semblent cuits et que des bulles se forment au milieu (environ 2 minutes), puis retournez la crêpe.
h) Une fois la crêpe cuite de ce côté, retirez-la du feu et placez-la sur une assiette.
i) Continuez ces étapes avec le reste de la pâte. Servez avec du sirop d'érable.

64. Crêpes au pain d'épices

Ingrédients :

Garniture

- $\frac{1}{4}$ tasse de yaourt grec nature
- 1 cuillère à soupe de sirop d'érable

Crêpes

- 1 tasse de farine d'épeautre
- 1 cuillère à café de bicarbonate de soude
- 1 cuillère à café de gingembre moulu
- 1 cuillère à café de piment de la Jamaïque moulu
- 1 cuillère à café de cannelle
- $\frac{1}{4}$ cuillère à café de clous de girofle moulus
- $\frac{1}{4}$ cuillère à café de sel
- 1 gros œuf
- $\frac{1}{2}$ tasse de lait écrémé à 2 %
- 3 cuillères à soupe de sirop d'érable
- 1 cuillère à café d'extrait de vanille

Instructions

a) Mélangez le yaourt grec et le sirop d'érable jusqu'à ce que le tout soit bien mélangé et réservez.

b) Dans un grand bol, ajoutez la farine d'épeautre, le bicarbonate de soude, le gingembre, le piment de la Jamaïque, la cannelle, les clous de girofle et le sel et fouettez pour bien mélanger.

c) Dans un autre bol, fouettez l'œuf, le lait, le sirop d'érable et la vanille jusqu'à ce que le tout soit bien mélangé.

d) Ajoutez les ingrédients humides aux ingrédients secs et fouettez jusqu'à ce que le tout soit bien mélangé.

e) Laissez reposer la pâte 2 à 3 minutes. Cela permet à tous les ingrédients de se mélanger et donne à la pâte une meilleure consistance.

f) Vaporisez généreusement une poêle ou une plaque chauffante antiadhésive d'huile végétale et faites chauffer à feu moyen.

g) Une fois la poêle chaude, ajoutez la pâte à l'aide d'une tasse à mesurer de $\frac{1}{4}$ tasse et versez la pâte dans la poêle pour faire la crêpe.

h) Cuire jusqu'à ce que les côtés semblent cuits et que des bulles se forment au milieu.

i) Une fois la crêpe cuite de ce côté, retirez-la du feu et placez-la sur une assiette.

j) Continuez ces étapes avec le reste de la pâte. Servez avec du yaourt.

65. Crêpes au yaourt grec

Ingrédients:

- 1 tasse de farine d'épeautre
- ½ cuillère à café de levure chimique
- ½ cuillère à café de bicarbonate de soude
- ¾ tasse de yaourt grec nature
- ½ tasse + 2 cuillères à soupe de lait écrémé à 2 %
- 1 gros œuf
- 2 cuillères à soupe de sirop d'érable

Instructions

a) Ajoutez la farine, la levure chimique et le bicarbonate de soude dans un bol et fouettez pour mélanger.

b) Dans un autre bol, fouettez le yaourt, le lait, l'œuf et le sirop d'érable jusqu'à ce que le tout soit bien mélangé.

c) Ajoutez les ingrédients humides aux ingrédients secs et fouettez jusqu'à ce que le tout soit bien mélangé.

d) Laissez reposer la pâte 2 à 3 minutes. Cela permet à tous les ingrédients de se mélanger et donne à la pâte une meilleure consistance.

e) Vaporisez généreusement une poêle ou une plaque chauffante antiadhésive d'huile végétale et faites chauffer à feu moyen.

f) Une fois la poêle chaude, ajoutez la pâte à l'aide d'une tasse à mesurer de $\frac{1}{4}$ de tasse et versez la pâte dans la poêle pour faire la crêpe. Utilisez la tasse à mesurer pour vous aider à façonner la crêpe.

g) Cuire jusqu'à ce que les côtés semblent pris et que des bulles se forment au milieu (environ 2 à 3 minutes), puis retourner la crêpe.

h) Une fois la crêpe cuite de ce côté, retirez-la du feu et placez-la sur une assiette.

i) Continuez ces étapes avec le reste de la pâte.

66. Crêpes aux flocons d'avoine et aux raisins secs

Ingrédients:

Garniture

- ½ tasse de sucre en poudre
- 1 cuillère à soupe de lait écrémé à 2 %

Crêpes

- 1¾ tasse de flocons d'avoine à l'ancienne
- 2 cuillères à soupe de sucre brun
- 1½ cuillère à café de levure chimique
- 1 cuillère à café de bicarbonate de soude
- ½ cuillère à café de cannelle
- ¼ cuillère à café de sel
- 2 cuillères à soupe d'huile de coco, fondue
- 1 cuillère à café d'extrait de vanille
- 1 tasse de lait faible en gras à 2 %
- ⅓ tasse de raisins secs dorés hachés

Instructions

Pour la garniture

a) Dans un petit bol, mélanger le sucre glace et le lait jusqu'à obtenir une consistance lisse. Réserver.

b) Pour les crêpes

c) Ajoutez tous les ingrédients, à l'exception des raisins secs, dans le mixeur. L'huile de coco fondue peut durcir lorsqu'elle est mélangée à des ingrédients plus froids, vous pouvez donc légèrement réchauffer le lait pour éviter que cela ne se produise si vous le souhaitez.

d) Mixez le tout au mixeur jusqu'à obtenir un liquide lisse.

e) Versez la préparation à crêpes dans un grand bol.

f) Incorporer les raisins secs hachés.

g) Laissez reposer la pâte pendant 5 à 10 minutes. Cela permet à tous les ingrédients de se mélanger et donne à la pâte une meilleure consistance.

h) Vaporisez généreusement une poêle ou une plaque chauffante antiadhésive

d'huile végétale et faites chauffer à feu moyen.

i) Une fois la poêle chaude, ajoutez la pâte à l'aide d'une tasse à mesurer de $\frac{1}{4}$ de tasse et versez la pâte dans la poêle pour faire la crêpe. Utilisez la tasse à mesurer pour vous aider à façonner la crêpe.

j) Cuire jusqu'à ce que les côtés semblent pris et que des bulles se forment au milieu (environ 2 à 3 minutes), puis retourner la crêpe.

k) Une fois la crêpe cuite de ce côté, retirez-la du feu et placez-la sur une assiette.

l) Continuez ces étapes avec le reste de la pâte.

m) Garniture avec du sucre.

67. Pancakes au beurre de cacahuète et à la confiture

Ingrédients:

- 1½ tasse de farine d'épeautre
- ¾ tasse de beurre d'arachide en poudre
- 1½ cuillère à café de levure chimique
- 1 cuillère à café de bicarbonate de soude
- ½ cuillère à café de sel
- 2 gros œufs battus
- 1 cuillère à soupe de beurre fondu
- 1½ tasse de lait faible en gras à 2 %
- Gelée de raisin Concord, pour servir

Instructions

a) Ajoutez la farine, le beurre de cacahuète en poudre, la levure chimique, le bicarbonate de soude et le sel dans un bol et fouettez pour mélanger.

b) Dans un autre bol, fouettez les œufs, le beurre et le lait jusqu'à ce que le tout soit bien mélangé.

c) Ajoutez les ingrédients humides aux ingrédients secs et fouettez jusqu'à ce que le tout soit bien mélangé.

d) Laissez reposer la pâte 2 à 3 minutes. Cela permet à tous les ingrédients de se

mélanger et donne à la pâte une meilleure consistance.

e) Vaporisez généreusement une poêle ou une plaque chauffante antiadhésive d'huile végétale et faites chauffer à feu moyen.

f) Une fois la poêle chaude, ajoutez la pâte à l'aide d'une tasse à mesurer de $\frac{1}{4}$ de tasse et versez la pâte dans la poêle pour faire la crêpe. Utilisez la tasse à mesurer pour vous aider à façonner la crêpe.

g) Cuire jusqu'à ce que les côtés semblent pris et que des bulles se forment au milieu (environ 2 à 3 minutes), puis retourner la crêpe.

h) Une fois la crêpe cuite de ce côté, retirez-la du feu et placez-la sur une assiette.

i) Continuez ces étapes avec le reste de la pâte. Garnissez avec la gelée de raisin.

68. Crêpes au bacon

Ingrédients:
- 8 tranches de bacon coupées au centre
- 1½ tasse de farine d'épeautre
- 1½ cuillère à café de levure chimique
- 1 cuillère à café de bicarbonate de soude
- ½ cuillère à café de sel
- 2 gros œufs battus
- 1 cuillère à soupe de beurre fondu
- 1 cuillère à café d'extrait de vanille
- 1¼ tasse de lait faible en gras à 2 %
- ¼ tasse de sirop d'érable

Instructions

a) Préchauffer le four à 350°F.

b) Disposez le bacon, en une seule couche, sur une plaque à pâtisserie à rebords recouverte de papier sulfurisé. Cela facilite grandement le nettoyage.

c) Faites glisser le bacon au four et laissez cuire pendant 30 minutes ou jusqu'à ce que le bacon soit cuit.

d) Retirez le bacon du four et placez-le sur une assiette recouverte de papier absorbant pour le laisser refroidir.

e) Dans un grand bol, ajoutez la farine, la levure chimique, le bicarbonate de soude et le sel. Fouettez pour mélanger les ingrédients.

f) Dans un autre bol, ajoutez les œufs, le beurre, la vanille, le lait et le sirop d'érable et fouettez pour mélanger les ingrédients.

g) Ajoutez les ingrédients humides aux ingrédients secs et fouettez pour bien mélanger le tout.

h) Laissez reposer la pâte 2 à 3 minutes. Cela permet à tous les ingrédients de se

mélanger et donne à la pâte une meilleure consistance.

i) Vaporisez généreusement une poêle ou une plaque chauffante antiadhésive d'huile végétale et faites chauffer à feu moyen.

j) Une fois la poêle chaude, placez une tranche de bacon dessus. Versez $\frac{1}{4}$ tasse de pâte sur le bacon. Étalez la pâte uniformément sur le bacon, ainsi que sur les côtés du bacon.

k) Laissez cuire jusqu'à ce que les bords semblent cuits, puis retournez la crêpe pour la faire cuire. Vous remarquerez peut-être que ces crêpes cuisent un peu plus vite du côté du bacon.

l) Une fois la crêpe cuite de ce côté, retirez la crêpe du feu et placez-la sur une assiette.

m) Continuez ces étapes avec le reste de la pâte.

69. Pancakes aux framboises et aux amandes

Ingrédients:

- 1½ tasse de framboises surgelées, décongelées
- 2 cuillères à soupe de miel
- 1½ tasse de farine d'amande
- 1 cuillère à café de levure chimique
- ¼ cuillère à café de sel
- ¼ cuillère à café de cannelle
- 2 gros œufs battus
- ¼ tasse de lait faible en gras à 2 %
- 1 cuillère à soupe de sirop d'érable
- 1 cuillère à café d'extrait de vanille

Instructions

a) Mélangez les framboises avec le miel. Pendant que vous mélangez les fruits, écrasez-les également pour en extraire plus de liquide.

b) Versez la garniture aux framboises dans un sac à sandwich, fermez-le et réservez.

c) Pour les crêpes

d) Ajoutez la farine, la levure chimique, le sel et la cannelle dans un bol et fouettez pour bien mélanger.

e) Dans un bol séparé, fouettez ensemble le reste des ingrédients.

f) Ajoutez les ingrédients humides aux ingrédients secs et fouettez pour bien les mélanger.

g) Laissez reposer la pâte pendant 5 à 10 minutes. Cela permet à tous les ingrédients de se mélanger et donne à la pâte une meilleure consistance.

h) Vaporisez généreusement une poêle ou une plaque chauffante antiadhésive d'huile végétale et faites chauffer à feu moyen-vif.

i) Une fois la poêle chaude, ajoutez la pâte à l'aide d'une tasse à mesurer de $\frac{1}{4}$ de tasse et versez la pâte dans la poêle pour faire la crêpe. Étalez délicatement la pâte en forme ronde à l'aide de la tasse à mesurer.

j) Coupez un coin du sachet contenant la garniture aux framboises et versez-en un peu sur le dessus de la crêpe. Utilisez un cure-dent pour faire glisser les framboises dans la base de la crêpe.

k) Cuire jusqu'à ce que les côtés semblent pris et que des bulles se forment au milieu (environ 2 à 3 minutes), puis retourner la crêpe.

l) Une fois la crêpe cuite de ce côté, retirez-la du feu et placez-la sur une assiette.

m) Continuez ces étapes avec le reste de la pâte.

n) Recouvrir du reste de garniture aux framboises.

70. Pancakes aux cacahuètes, banane et chocolat

Ingrédients:

- 1 tasse de farine d'épeautre
- ¼ tasse de beurre d'arachide en poudre
- ½ cuillère à café de levure chimique
- ½ cuillère à café de bicarbonate de soude
- ¾ tasse de yaourt grec nature
- 1 banane moyenne mûre, écrasée, plus pour servir (facultatif)
- ¼ tasse + 2 cuillères à soupe de lait écrémé à 2 %
- 1 gros œuf
- 2 cuillères à soupe de sirop d'érable
- ½ tasse de pépites de chocolat, plus pour servir (facultatif)
- Beurre de cacahuète, pour servir (facultatif)

Instructions

a) Ajoutez la farine, le beurre de cacahuète en poudre, la levure chimique et le bicarbonate de soude dans un bol et fouettez pour mélanger.

b) Dans un autre bol, fouettez le yaourt, la banane écrasée, le lait, l'œuf et le sirop d'érable jusqu'à ce que le tout soit bien mélangé.

c) Ajoutez les ingrédients humides aux ingrédients secs et fouettez jusqu'à ce que le tout soit bien mélangé.

d) Incorporer les pépites de chocolat.

e) Laissez reposer la pâte 2 à 3 minutes. Cela permet à tous les ingrédients de se mélanger et donne à la pâte une meilleure consistance.

f) Vaporisez généreusement une poêle ou une plaque chauffante antiadhésive d'huile végétale et faites chauffer à feu moyen.

g) Une fois la poêle chaude, ajoutez la pâte à l'aide d'une tasse à mesurer de $\frac{1}{4}$ de tasse et versez la pâte dans la poêle pour faire la crêpe. Utilisez la tasse à mesurer pour vous aider à façonner la crêpe.

h) Cuire jusqu'à ce que les côtés semblent pris et que des bulles se forment au milieu (environ 2 à 3 minutes), puis retourner la crêpe.

i) Une fois la crêpe cuite de ce côté, retirez-la du feu et placez-la sur une assiette.
j) Continuez ces étapes avec le reste de la pâte.

71. Pancakes à la vanille et à la noix de coco

Ingrédients:

Garniture à la vanille et à la noix de coco
- 1 tasse de lait de coco entier en conserve
- ¼ tasse de sirop d'érable
- 1½ cuillère à café d'extrait de vanille
- Petite pincée de sel

Crêpes
- 1½ tasse de farine d'épeautre
- ¼ tasse de noix de coco râpée non sucrée, grillée (plus pour servir)
- 1½ cuillère à café de levure chimique
- 1 cuillère à café de bicarbonate de soude
- ½ cuillère à café de sel
- 2 gros œufs battus
- 2 cuillères à soupe d'huile de coco, fondue
- 1 cuillère à soupe d'extrait de vanille
- ¼ tasse de sirop d'érable
- ¼ tasse de lait de coco entier en conserve
- 1¼ tasse de kéfir nature

Instructions

a) Ajoutez tous les ingrédients dans une petite casserole et faites chauffer à feu moyen.

b) Fouetter de temps en temps et cuire jusqu'à ce que le mélange commence à épaissir (environ 7 minutes).

c) Retirer du feu et laisser refroidir légèrement.

d) Pour les crêpes

e) Dans un grand bol, ajoutez la farine, la noix de coco, la levure chimique, le bicarbonate de soude et le sel. Fouettez pour mélanger les ingrédients.

f) Dans un autre bol, ajoutez les œufs, l'huile de coco, la vanille, le sirop d'érable, le lait de coco et le kéfir et fouettez pour mélanger les ingrédients. L'huile de coco fondue peut durcir lorsqu'elle est mélangée à des ingrédients plus froids, vous pouvez donc légèrement réchauffer le kéfir pour éviter que cela ne se produise si vous le souhaitez.

g) Ajoutez les ingrédients humides aux ingrédients secs et fouettez pour bien mélanger le tout.

h) Laissez reposer la pâte 2 à 3 minutes. Cela permet à tous les ingrédients de se mélanger et donne à la pâte une meilleure consistance.

i) Vaporisez généreusement une poêle ou une plaque chauffante antiadhésive d'huile végétale et faites chauffer à feu moyen.

j) Une fois la poêle chaude, ajoutez la pâte à l'aide d'une tasse à mesurer de $\frac{1}{4}$ de tasse et versez la pâte dans la poêle pour faire la crêpe. Utilisez la tasse à mesurer pour vous aider à façonner la crêpe.

k) Cuire jusqu'à ce que les côtés semblent pris et que des bulles se forment au milieu (environ 2 à 3 minutes), puis retourner la crêpe.

l) Une fois la crêpe cuite de ce côté, retirez-la du feu et placez-la sur une assiette.

m) Continuez ces étapes avec le reste de la pâte.
n) Déposez la garniture à la vanille et à la noix de coco sur les crêpes et saupoudrez de noix de coco grillée avant de servir.

72. Pancakes au chocolat, à la noix de coco et aux amandes

Ingrédients :
- 1½ tasse de farine d'amande
- ½ tasse de noix de coco râpée, non sucrée, grillée
- 1 cuillère à café de levure chimique
- 1 cuillère à café de bicarbonate de soude
- ¼ cuillère à café de sel
- 2 gros œufs battus
- ½ tasse de lait de coco entier en conserve
- 1 cuillère à soupe de sirop d'érable, plus pour servir
- 1 cuillère à café d'extrait de vanille
- ½ tasse de pépites de chocolat
- Noix de coco grillée, amandes grillées et chocolat râpé, pour servir

Instructions

a) Ajoutez la farine, la noix de coco râpée, la levure chimique, le bicarbonate de soude et le sel dans un bol et fouettez pour bien mélanger.

b) Dans un bol séparé, fouettez ensemble les œufs, le lait de coco, le sirop d'érable et la vanille.

c) Ajoutez les ingrédients humides aux ingrédients secs et fouettez pour bien les mélanger.

d) Incorporer les pépites de chocolat.

e) Laissez reposer la pâte pendant 5 à 10 minutes. Cela permet à tous les ingrédients de se mélanger et donne à la pâte une meilleure consistance.

f) Vaporisez généreusement une poêle ou une plaque chauffante antiadhésive d'huile végétale et faites chauffer à feu moyen.

g) Une fois la poêle chaude, ajoutez la pâte à l'aide d'une tasse à mesurer de $\frac{1}{4}$ de tasse et versez la pâte dans la poêle pour faire la crêpe. Utilisez la tasse à mesurer pour vous aider à façonner la crêpe.

h) Cuire jusqu'à ce que les côtés semblent pris et que des bulles se forment au milieu (environ 2 à 3 minutes), puis retourner la crêpe.

i) Une fois la crêpe cuite de ce côté, retirez-la du feu et placez-la sur une assiette.

j) Continuez ces étapes avec le reste de la pâte.

k) Garnissez de noix de coco grillée, d'amandes grillées, de chocolat râpé et d'un filet de sirop d'érable supplémentaire, si vous le souhaitez.

73. Crêpes au shortcake aux fraises

Ingrédients:

- 1¾ tasse de flocons d'avoine à l'ancienne
- 1½ cuillère à café de levure chimique
- 1 cuillère à café de bicarbonate de soude
- ½ cuillère à café de cannelle
- ¼ cuillère à café de sel
- 2 cuillères à soupe d'huile de coco, fondue
- 1 cuillère à soupe de sirop d'érable
- 1 gros œuf
- 1 cuillère à café d'extrait de vanille
- 1½ tasse de lait faible en gras à 2 %
- 1 tasse de fraises finement tranchées
- Crème fouettée et fraises, pour servir

Instructions

a) Ajoutez tous les ingrédients, sauf les fraises, dans un mixeur. L'huile de coco fondue peut durcir lorsqu'elle est mélangée à des ingrédients plus froids, vous pouvez donc légèrement réchauffer le lait pour éviter que cela ne se produise si vous le souhaitez.

b) Mixez le tout au mixeur jusqu'à obtenir un liquide lisse.

c) Versez la préparation à crêpes dans un grand bol.

d) Laissez reposer la pâte pendant 5 à 10 minutes. Cela permet à tous les ingrédients de se mélanger et donne à la pâte une meilleure consistance.

e) Vaporisez généreusement une poêle ou une plaque chauffante antiadhésive d'huile végétale et faites chauffer à feu moyen.

f) Une fois la poêle chaude, ajoutez la pâte à l'aide d'une tasse à mesurer de $\frac{1}{4}$ de tasse et versez la pâte dans la poêle pour faire la crêpe. Utilisez la tasse à mesurer pour vous aider à façonner la crêpe. Placez les fraises tranchées en une seule couche dans la pâte.

g) Laissez cuire jusqu'à ce que les bords semblent cuits et que des bulles se forment au milieu (environ 2 minutes), puis retournez la crêpe. Vous devrez peut-être les laisser cuire un peu plus longtemps du premier côté pour qu'elles ne s'effondrent pas lorsque vous les retournez. Les fraises sont lourdes et peuvent faire casser ces crêpes si elles ne sont pas complètement cuites du premier côté.

h) Une fois la crêpe cuite de ce côté, retirez-la du feu et placez-la sur une assiette.

i) Continuez ces étapes avec le reste de la pâte.

j) Pour servir, superposez les crêpes avec de la crème fouettée et garnissez de fraises.

74. Pancakes au beurre de cacahuète

Ingrédients:

- 1¾ tasse de flocons d'avoine à l'ancienne
- ¼ tasse de beurre d'arachide en poudre
- 1½ cuillère à café de levure chimique
- 1 cuillère à café de bicarbonate de soude
- ½ cuillère à café de cannelle
- ¼ cuillère à café de sel
- 2 cuillères à soupe d'huile de coco, fondue
- 1 cuillère à soupe de sirop d'érable
- 1 gros œuf
- 1 cuillère à café d'extrait de vanille
- 1½ tasse de lait faible en gras à 2 %
- ½ tasse de pépites de chocolat

Instructions

a) Ajoutez tous les ingrédients, à l'exception des pépites de chocolat, dans un mixeur. L'huile de coco fondue peut durcir lorsqu'elle est mélangée à des ingrédients plus froids, vous pouvez donc légèrement réchauffer le lait pour éviter que cela ne se produise si vous le souhaitez.

b) Mixez le tout au mixeur jusqu'à obtenir un liquide lisse.
c) Versez la pâte à crêpes dans un grand bol.
d) Incorporer les pépites de chocolat.
e) Laissez reposer la pâte pendant 5 à 10 minutes. Cela permet à tous les ingrédients de se mélanger et donne à la pâte une meilleure consistance.
f) Vaporisez généreusement une poêle ou une plaque chauffante antiadhésive d'huile végétale et faites chauffer à feu moyen.
g) Une fois la poêle chaude, ajoutez la pâte à l'aide d'une tasse à mesurer de $\frac{1}{4}$ de tasse et versez la pâte dans la poêle pour faire la crêpe. Utilisez la tasse à mesurer pour vous aider à façonner la crêpe.
h) Cuire jusqu'à ce que les côtés semblent pris et que des bulles se forment au milieu (environ 2 à 3 minutes), puis retourner la crêpe.

i) Une fois la crêpe cuite de ce côté, retirez-la du feu et placez-la sur une assiette.

j) Continuez ces étapes avec le reste de la pâte.

75. Crêpes mexicaines au chocolat

Ingrédients:
- 1 tasse de farine d'épeautre
- ¼ tasse de cacao non sucré
- 1 cuillère à café de cannelle
- ½ cuillère à café de levure chimique
- ½ cuillère à café de bicarbonate de soude
- ¾ tasse de yaourt grec nature
- ¼ tasse + 2 cuillères à soupe de lait écrémé à 2 %
- 1 gros œuf
- 2 cuillères à soupe de sirop d'érable

Instructions

a) Ajoutez la farine, le cacao, la cannelle, la levure chimique et le bicarbonate de soude dans un bol et fouettez pour mélanger.

b) Dans un autre bol, fouettez le yaourt, le lait, l'œuf et le sirop d'érable jusqu'à ce que le tout soit bien mélangé.

c) Ajoutez les ingrédients humides aux ingrédients secs et fouettez jusqu'à ce que le tout soit bien mélangé.

d) Laissez reposer la pâte 2 à 3 minutes. Cela permet à tous les ingrédients de se

mélanger et donne à la pâte une meilleure consistance.

e) Vaporisez généreusement une poêle ou une plaque chauffante antiadhésive d'huile végétale et faites chauffer à feu moyen.

f) Une fois la poêle chaude, ajoutez la pâte à l'aide d'une tasse à mesurer de $\frac{1}{4}$ de tasse et versez la pâte dans la poêle pour faire la crêpe. Utilisez la tasse à mesurer pour vous aider à façonner la crêpe.

g) Cuire jusqu'à ce que les côtés semblent pris et que des bulles se forment au milieu (environ 2 à 3 minutes), puis retourner la crêpe.

h) Une fois la crêpe cuite de ce côté, retirez-la du feu et placez-la sur une assiette.

i) Continuez ces étapes avec le reste de la pâte.

76. Crêpes surprises d'anniversaire

Ingrédients:

- 1 tasse de farine d'épeautre
- 2 cuillères à soupe de mélange à pudding à la vanille sans sucre
- $\frac{1}{2}$ cuillère à café de levure chimique
- $\frac{1}{2}$ cuillère à café de bicarbonate de soude
- $\frac{3}{4}$ tasse de yaourt grec nature
- $\frac{1}{2}$ tasse + 2 cuillères à soupe de lait écrémé à 2 %
- 1 gros œuf
- 2 cuillères à soupe de sirop d'érable
- $\frac{1}{4}$ tasse de paillettes arc-en-ciel, plus pour la garniture (facultatif)

Instructions

a) Ajoutez la farine, le pudding, la levure chimique et le bicarbonate de soude dans un bol et fouettez pour mélanger.

b) Dans un autre bol, fouettez le yaourt, le lait, l'œuf et le sirop d'érable jusqu'à ce que le tout soit bien mélangé.

c) Ajoutez les ingrédients humides aux ingrédients secs et fouettez jusqu'à ce que le tout soit bien mélangé.

d) Laissez reposer la pâte 2 à 3 minutes. Cela permet à tous les ingrédients de se mélanger et donne à la pâte une meilleure consistance.

e) Une fois la pâte reposée, incorporez les paillettes.

f) Vaporisez généreusement une poêle ou une plaque chauffante antiadhésive d'huile végétale et faites chauffer à feu moyen.

g) Une fois la poêle chaude, ajoutez la pâte à l'aide d'une tasse à mesurer de $\frac{1}{4}$ de tasse et versez la pâte dans la poêle pour faire la crêpe. Utilisez la tasse à mesurer pour vous aider à façonner la crêpe.

h) Cuire jusqu'à ce que les côtés semblent pris et que des bulles se forment au milieu (environ 2 à 3 minutes), puis retourner la crêpe.

i) Une fois la crêpe cuite de ce côté, retirez-la du feu et placez-la sur une assiette.

j) Continuez ces étapes avec le reste de la pâte.

77. Crêpes monstres vertes

Ingrédients:

- 1½ tasse de farine d'épeautre
- 2 cuillères à soupe de poudre de chanvre
- 1 cuillère à soupe de poudre de spiruline
- 1½ cuillère à café de levure chimique
- 1 cuillère à café de bicarbonate de soude
- ½ cuillère à café de sel
- 2 cuillères à soupe d'huile de coco, fondue
- 1½ cuillères à soupe de miel
- 1 cuillère à soupe d'extrait de vanille
- 2 gros œufs battus
- ¼ tasse de lait de coco entier en conserve
- 1¼ tasse de kéfir nature (légèrement réchauffé)

Instructions

a) Ajoutez la farine d'épeautre, la poudre de chanvre, la poudre de spiruline, la levure chimique, le bicarbonate de soude et le sel dans un bol et fouettez pour mélanger.

b) Dans un autre bol, fouettez l'huile de coco, le miel, la vanille, les œufs, le lait de coco et le kéfir jusqu'à ce qu'ils soient bien mélangés. L'huile de coco fondue peut durcir lorsqu'elle est mélangée à des ingrédients plus froids, vous pouvez donc légèrement réchauffer le kéfir pour éviter que cela ne se produise si vous le souhaitez.

c) Ajoutez les ingrédients humides aux ingrédients secs et fouettez ensemble jusqu'à ce que le tout soit bien mélangé.

d) Laissez reposer la pâte 2 à 3 minutes. Cela permet à tous les ingrédients de se mélanger et donne à la pâte une meilleure consistance.

e) Vaporisez généreusement une poêle ou une plaque chauffante antiadhésive d'huile végétale et faites chauffer à feu moyen.

f) Une fois la poêle chaude, ajoutez la pâte à l'aide d'une tasse à mesurer de $\frac{1}{4}$ de tasse et versez la pâte dans la poêle pour faire la crêpe. Utilisez la tasse à mesurer pour vous aider à façonner la crêpe.

g) Cuire jusqu'à ce que les côtés semblent pris et que des bulles se forment au milieu (environ 2 à 3 minutes), puis retourner la crêpe.

h) Une fois la crêpe cuite de ce côté, retirez-la du feu et placez-la sur une assiette.

i) Continuez ces étapes avec le reste de la pâte.

78. Pancakes à la vanille et au matcha

Ingrédients:

- 1¾ tasse de flocons d'avoine à l'ancienne
- 2 cuillères à soupe de poudre de matcha non sucrée
- 2 cuillères à soupe de mélange à pudding à la vanille sans sucre
- 1½ cuillère à café de levure chimique
- 1 cuillère à café de bicarbonate de soude
- ¼ cuillère à café de sel
- 2 cuillères à soupe d'huile de coco, fondue
- 1 cuillère à soupe de sirop d'érable
- 1 gros œuf
- 1 cuillère à café d'extrait de vanille
- 1½ tasse de lait faible en gras à 2 %

Instructions

a) Ajoutez tous les ingrédients dans un mixeur. L'huile de coco fondue peut durcir lorsqu'elle est mélangée à des ingrédients plus froids, vous pouvez donc légèrement réchauffer le lait pour éviter que cela ne se produise si vous le souhaitez.

b) Mixez le tout au mixeur jusqu'à obtenir un liquide lisse.
c) Versez la préparation à crêpes dans un grand bol.
d) Laissez reposer la pâte pendant 5 à 10 minutes. Cela permet à tous les ingrédients de se mélanger et donne à la pâte une meilleure consistance.
e) Vaporisez généreusement une poêle ou une plaque chauffante antiadhésive d'huile végétale et faites chauffer à feu moyen.
f) Une fois la poêle chaude, ajoutez la pâte à l'aide d'une tasse à mesurer de $\frac{1}{4}$ de tasse et versez la pâte dans la poêle pour faire la crêpe. Utilisez la tasse à mesurer pour vous aider à façonner la crêpe.
g) Cuire jusqu'à ce que les côtés semblent pris et que des bulles se forment au milieu (environ 2 à 3 minutes), puis retourner la crêpe.
h) Une fois la crêpe cuite de ce côté, retirez-la du feu et placez-la sur une assiette.

i) Continuez ces étapes avec le reste de la pâte.

79. Crêpes à la piña colada

Ingrédients:
- 1 tasse de farine d'épeautre
- ½ cuillère à café de levure chimique
- ½ cuillère à café de bicarbonate de soude
- ¾ tasse de yaourt grec nature
- ½ tasse + 2 cuillères à soupe de lait de coco entier en conserve
- 1 gros œuf
- 2 cuillères à soupe de sirop d'érable
- 1 cuillère à café d'extrait de vanille
- ½ tasse d'ananas finement coupé en dés

Instructions

a) Ajoutez la farine, la levure chimique et le bicarbonate de soude dans un bol et fouettez pour mélanger.

b) Dans un autre bol, fouettez le yaourt, le lait de coco, l'œuf, le sirop d'érable et la vanille jusqu'à ce que le tout soit bien mélangé.

c) Ajoutez les ingrédients humides aux ingrédients secs et fouettez ensemble jusqu'à ce que le tout soit bien mélangé.

d) Une fois que tout est mélangé, ajoutez l'ananas.

e) Laissez reposer la pâte 2 à 3 minutes. Cela permet à tous les ingrédients de se mélanger et donne à la pâte une meilleure consistance.

f) Vaporisez généreusement une poêle ou une plaque chauffante antiadhésive d'huile végétale et faites chauffer à feu moyen.

g) Une fois la poêle chaude, ajoutez la pâte à l'aide d'une tasse à mesurer de $\frac{1}{4}$ de tasse et versez la pâte dans la poêle pour faire la crêpe. Utilisez la tasse à mesurer pour vous aider à façonner la crêpe.

h) Cuire jusqu'à ce que les côtés semblent pris et que des bulles se forment au milieu (environ 2 à 3 minutes), puis retourner la crêpe.

i) Une fois la crêpe cuite de ce côté, retirez-la du feu et placez-la sur une assiette.

j) Continuez ces étapes avec le reste de la pâte.

80. Pancakes aux cerises et aux amandes

Ingrédients:

- 1½ tasse de farine d'amande
- 1 cuillère à café de levure chimique
- 1 cuillère à café de bicarbonate de soude
- ¼ cuillère à café de sel
- 2 gros œufs battus
- 1 cuillère à soupe de sirop d'érable
- 1 cuillère à café d'extrait de vanille
- ½ tasse de lait de coco entier en conserve
- ½ tasse de cerises douces finement coupées en dés
- ¼ tasse d'amandes effilées

Instructions

a) Ajoutez la farine, la levure chimique, le bicarbonate de soude et le sel dans un bol et fouettez pour bien mélanger.

b) Dans un bol séparé, fouettez ensemble les œufs, le sirop d'érable, la vanille et le lait de coco.

c) Ajoutez les ingrédients humides aux ingrédients secs et fouettez pour bien les mélanger.

d) Ajoutez maintenant les cerises et les amandes et mélangez jusqu'à ce que tout soit bien mélangé.

e) Laissez reposer la pâte pendant 5 à 10 minutes. Cela permet à tous les ingrédients de se mélanger et donne à la pâte une meilleure consistance.

f) Vaporisez généreusement une poêle ou une plaque chauffante antiadhésive d'huile végétale et faites chauffer à feu moyen-vif.

g) Une fois la poêle chaude, ajoutez la pâte à l'aide d'une tasse à mesurer de $\frac{1}{4}$ de tasse et versez la pâte dans la poêle pour faire la crêpe. Utilisez la tasse à mesurer pour vous aider à façonner la crêpe.

h) Cuire jusqu'à ce que les côtés semblent pris et que des bulles se forment au milieu (environ 2 à 3 minutes), puis retourner la crêpe.

i) Une fois la crêpe cuite de ce côté, retirez-la du feu et placez-la sur une assiette.

j) Continuez ces étapes avec le reste de la pâte.

81. Pancakes au citron vert

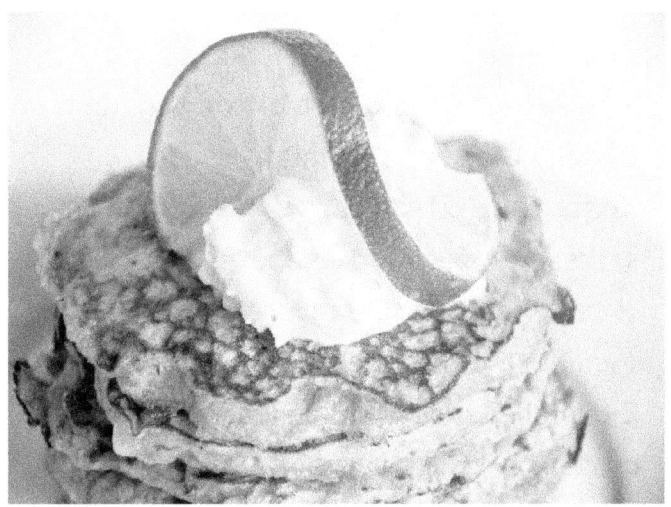

Ingrédients:

- 2 oeufs
- $\frac{1}{2}$ tasse de fromage cottage
- $\frac{1}{2}$ cuillère à café d'extrait de vanille
- 1 cuillère à soupe de miel
- Zeste d'un citron vert
- $\frac{1}{4}$ tasse de farine d'épeautre
- $\frac{1}{2}$ cuillère à café de levure chimique
- $\frac{1}{4}$ cuillère à café de bicarbonate de soude
- 2 cuillères à café de mélange Jell-O au citron vert sans sucre

Instructions

a) Fouettez ensemble les œufs, le fromage cottage, la vanille, le miel et le zeste de citron vert et réservez.

b) Dans un autre bol, fouettez le reste des ingrédients jusqu'à ce qu'ils soient bien mélangés.

c) Ajoutez les ingrédients humides aux ingrédients secs et fouettez jusqu'à ce que le tout soit bien mélangé.

d) Vaporisez généreusement une poêle ou une plaque chauffante antiadhésive

d'huile végétale et faites chauffer à feu moyen.

e) Une fois la poêle chaude, ajoutez la pâte à l'aide d'une tasse à mesurer de $\frac{1}{4}$ de tasse et versez la pâte dans la poêle pour faire la crêpe. Utilisez la tasse à mesurer pour vous aider à façonner la crêpe.

f) Cuire jusqu'à ce que les côtés semblent pris et que des bulles se forment au milieu (environ 2 à 3 minutes), puis retourner la crêpe.

g) Une fois la crêpe cuite de ce côté, retirez-la du feu et placez-la sur une assiette.

h) Continuez ces étapes avec le reste de la pâte.

82. Crêpes aux épices de citrouille

Ingrédients:

- 1½ tasse de flocons d'avoine à l'ancienne
- 1½ cuillère à café de levure chimique
- ½ cuillère à café de bicarbonate de soude
- ½ cuillère à café de cannelle
- ½ cuillère à café de piment de la Jamaïque moulu
- ½ cuillère à café de gingembre moulu
- ¼ cuillère à café de sel
- ½ tasse de citrouille en conserve
- 2 cuillères à soupe d'huile de coco, fondue
- 2 cuillères à soupe de sirop d'érable
- 1 gros œuf
- 1 cuillère à café d'extrait de vanille
- 1 tasse de lait faible en gras à 2 %

Instructions

a) Ajoutez tous les ingrédients dans un mixeur. L'huile de coco fondue peut durcir lorsqu'elle est mélangée à des ingrédients plus froids, vous pouvez donc légèrement réchauffer le lait pour éviter que cela ne se produise si vous le souhaitez.

b) Mixez le tout au mixeur jusqu'à obtenir un liquide lisse.
c) Versez la préparation à crêpes dans un grand bol.
d) Laissez reposer la pâte pendant 5 à 10 minutes. Cela permet à tous les ingrédients de se mélanger et donne à la pâte une meilleure consistance.
e) Vaporisez généreusement une poêle ou une plaque chauffante antiadhésive d'huile végétale et faites chauffer à feu moyen.
f) Une fois la poêle chaude, ajoutez la pâte à l'aide d'une tasse à mesurer de $\frac{1}{4}$ de tasse et versez la pâte dans la poêle pour faire la crêpe. Utilisez la tasse à mesurer pour vous aider à façonner la crêpe.
g) Cuire jusqu'à ce que les côtés semblent pris et que des bulles se forment au milieu (environ 2 à 3 minutes), puis retourner la crêpe.
h) Une fois la crêpe cuite de ce côté, retirez-la du feu et placez-la sur une assiette.

i) Continuez ces étapes avec le reste de la pâte.

83. Pancakes au chocolat et à la banane

Ingrédients:

- 1 banane mûre, plus pour servir
- 2 gros œufs
- ½ cuillère à café de levure chimique
- 2 cuillères à soupe de poudre de cacao non sucrée
- Sirop d'érable, pour servir

Instructions

a) Ajoutez la banane dans un bol et écrasez-la jusqu'à ce qu'elle soit bien crémeuse, sans grumeaux.

b) Cassez les œufs dans un autre bol et fouettez jusqu'à ce qu'ils soient bien mélangés.

c) Ajoutez la levure chimique et le cacao en poudre dans le bol contenant la banane, puis versez les œufs. Fouettez pour bien mélanger le tout.

d) Vaporisez généreusement une poêle ou une plaque chauffante antiadhésive d'huile végétale et faites chauffer à feu moyen.

e) Une fois la poêle chaude, ajoutez 2 cuillères à soupe de pâte dans la poêle pour faire la crêpe.

f) Cuire jusqu'à ce que les côtés semblent pris (vous ne verrez pas de bulles), puis retourner soigneusement la crêpe.

g) Une fois la crêpe cuite de ce côté, retirez la crêpe du feu et placez-la sur une assiette.

h) Continuez ces étapes avec le reste de la pâte. Servez avec des tranches de banane et du sirop d'érable, si vous le souhaitez.

84. Pancakes à la vanille et aux amandes

Ingrédients:
- 1 tasse de farine d'épeautre
- 2 cuillères à soupe de mélange à pudding à la vanille sans sucre
- ½ cuillère à café de levure chimique
- ½ cuillère à café de bicarbonate de soude
- ¾ tasse de yaourt grec nature
- ½ tasse + 2 cuillères à soupe de lait écrémé à 2 %
- 1 gros œuf
- 2 cuillères à soupe de sirop d'érable
- ¼ tasse d'amandes effilées

Instructions

a) Ajoutez la farine, le mélange à pudding, la levure chimique et le bicarbonate de soude dans un bol et fouettez pour mélanger.

b) Dans un autre bol, fouettez le yaourt, le lait, l'œuf et le sirop d'érable jusqu'à ce que le tout soit bien mélangé.

c) Ajoutez les ingrédients humides aux ingrédients secs et fouettez jusqu'à ce que le tout soit bien mélangé.

d) Ajoutez les amandes en dernier.

e) Laissez reposer la pâte 2 à 3 minutes. Cela permet à tous les ingrédients de se mélanger et donne à la pâte une meilleure consistance.

f) Vaporisez généreusement une poêle ou une plaque chauffante antiadhésive d'huile végétale et faites chauffer à feu moyen.

g) Une fois la poêle chaude, ajoutez la pâte à l'aide d'une tasse à mesurer de $\frac{1}{4}$ de tasse et versez la pâte dans la poêle pour faire la crêpe. Utilisez la tasse à mesurer pour vous aider à façonner la crêpe.

h) Cuire jusqu'à ce que les côtés semblent pris et que des bulles se forment au milieu (environ 2 à 3 minutes), puis retourner la crêpe.

i) Une fois la crêpe cuite de ce côté, retirez-la du feu et placez-la sur une assiette.

j) Continuez ces étapes avec le reste de la pâte.

85. Crêpes funky au singe

Ingrédients:

- 1½ tasse de farine d'amande
- 1 cuillère à café de levure chimique
- 1 cuillère à café de bicarbonate de soude
- ¼ cuillère à café de sel
- 1 banane moyenne mûre, écrasée, plus pour servir
- 2 gros œufs battus
- ½ tasse de lait de coco
- 1 cuillère à soupe de sirop d'érable
- 1 cuillère à café d'extrait de vanille
- ½ tasse de noix hachées
- ½ tasse de pépites de chocolat noir, plus pour servir

Instructions

a) Ajoutez la farine, la levure chimique, le bicarbonate de soude et le sel dans un bol et fouettez pour bien mélanger.

b) Dans un bol séparé, fouettez ensemble la banane écrasée, les œufs, le lait de coco, le sirop d'érable et la vanille.

c) Ajoutez les ingrédients humides aux ingrédients secs et fouettez pour bien les mélanger.

d) Ajoutez maintenant les noix et les pépites de chocolat et mélangez jusqu'à ce que tout soit bien mélangé.

e) Laissez reposer la pâte pendant 5 à 10 minutes. Cela permet à tous les ingrédients de se mélanger et donne à la pâte une meilleure consistance.

f) Vaporisez généreusement une poêle ou une plaque chauffante antiadhésive d'huile végétale et faites chauffer à feu moyen-vif.

g) Une fois la poêle chaude, ajoutez la pâte à l'aide d'une tasse à mesurer de $\frac{1}{4}$ de tasse et versez la pâte dans la poêle pour faire la crêpe. Utilisez la tasse à mesurer pour vous aider à façonner la crêpe.

h) Cuire jusqu'à ce que les côtés semblent pris et que des bulles se forment au milieu, puis retourner la crêpe.

i) Une fois la crêpe cuite de ce côté, retirez-la du feu et placez-la sur une assiette.

j) Servir avec des tranches de bananes et des pépites de chocolat.

86. Crêpes à la vanille

Ingrédients:

- 1½ tasse de farine d'épeautre
- 2 cuillères à soupe de mélange à pudding à la vanille sans sucre
- 1½ cuillère à café de levure chimique
- 1 cuillère à café de bicarbonate de soude
- ½ cuillère à café de sel
- 2 gros œufs battus
- 2 cuillères à soupe d'huile de coco, fondue
- 1 cuillère à soupe d'extrait de vanille
- ¼ tasse de sirop d'érable, plus pour servir
- 1¼ tasse de kéfir nature

Instructions

a) Ajoutez la farine d'épeautre, le mélange à pudding, la levure chimique, le bicarbonate de soude et le sel dans un bol et fouettez pour mélanger.

b) Dans un autre bol, fouettez les œufs, l'huile de coco, la vanille, le sirop d'érable et le kéfir jusqu'à ce qu'ils soient bien mélangés. L'huile de coco fondue peut durcir lorsqu'elle est mélangée à des ingrédients plus froids, vous pouvez donc légèrement réchauffer le kéfir pour éviter que cela ne se produise si vous le souhaitez.

c) Ajoutez les ingrédients humides aux ingrédients secs et fouettez jusqu'à ce que le tout soit bien mélangé.

d) Laissez reposer la pâte 2 à 3 minutes. Cela permet à tous les ingrédients de se mélanger et donne à la pâte une meilleure consistance.

e) Vaporisez généreusement une poêle ou une plaque chauffante antiadhésive d'huile végétale et faites chauffer à feu moyen.

f) Une fois la poêle chaude, ajoutez la pâte à l'aide d'une tasse à mesurer de $\frac{1}{4}$ de tasse et versez la pâte dans la poêle pour faire la crêpe. Utilisez la tasse à mesurer pour vous aider à façonner la crêpe.

g) Cuire jusqu'à ce que les côtés semblent pris et que des bulles se forment au milieu (environ 2 à 3 minutes), puis retourner la crêpe.

h) Une fois la crêpe cuite de ce côté, retirez-la du feu et placez-la sur une assiette.

87. Pancakes aux myrtilles et à la mangue

Ingrédients:

- 1 tasse de farine d'épeautre
- ½ cuillère à café de levure chimique
- ½ cuillère à café de bicarbonate de soude
- ¾ tasse de yaourt grec nature
- ¼ tasse + 2 cuillères à soupe de lait écrémé à 2 %
- 1 gros œuf
- 2 cuillères à soupe de sirop d'érable
- ½ tasse de mangues en purée
- ½ tasse de bleuets

Instructions

a) Ajoutez la farine, la levure chimique et le bicarbonate de soude dans un bol et fouettez pour mélanger.

b) Dans un autre bol, fouettez le yaourt, le lait, l'œuf, le sirop d'érable et la purée de mangue jusqu'à ce que le tout soit bien mélangé.

c) Ajoutez les ingrédients humides aux ingrédients secs et fouettez jusqu'à ce que le tout soit bien mélangé.

d) Incorporer délicatement les myrtilles.

e) Laissez reposer la pâte 2 à 3 minutes. Cela permet à tous les ingrédients de se mélanger et donne à la pâte une meilleure consistance.

f) Vaporisez généreusement une poêle ou une plaque chauffante antiadhésive d'huile végétale et faites chauffer à feu moyen.

g) Une fois la poêle chaude, ajoutez la pâte à l'aide d'une tasse à mesurer de $\frac{1}{4}$ de tasse et versez la pâte dans la poêle pour faire la crêpe. Utilisez la tasse à mesurer pour vous aider à façonner la crêpe.

h) Cuire jusqu'à ce que les côtés semblent pris et que des bulles se forment au milieu (environ 2 à 3 minutes), puis retourner la crêpe.

i) Une fois la crêpe cuite de ce côté, retirez-la du feu et placez-la sur une assiette.

j) Continuez ces étapes avec le reste de la pâte.

88. Crêpes au moka

Ingrédients:

- 1½ tasse de farine d'épeautre
- ¼ tasse de cacao non sucré
- 3 cuillères à café de poudre d'espresso instantané
- 1½ cuillère à café de levure chimique
- 1 cuillère à café de bicarbonate de soude
- ½ cuillère à café de sel
- 2 cuillères à soupe d'huile de coco, fondue
- 1 cuillère à café d'extrait de vanille
- 2 gros œufs battus
- 1¼ tasse de kéfir nature

Instructions

a) Ajoutez la farine d'épeautre, le cacao, la poudre d'espresso, la levure chimique, le bicarbonate de soude et le sel dans un bol et fouettez pour mélanger.

b) Dans un autre bol, fouettez l'huile de coco, la vanille, les œufs et le kéfir jusqu'à ce qu'ils soient bien mélangés. L'huile de coco fondue peut durcir lorsqu'elle est mélangée à des ingrédients plus froids, vous pouvez donc légèrement réchauffer le kéfir pour éviter que cela ne se produise si vous le souhaitez.

c) Ajoutez les ingrédients humides aux ingrédients secs et fouettez jusqu'à ce que le tout soit bien mélangé.

d) Laissez reposer la pâte 2 à 3 minutes. Cela permet à tous les ingrédients de se mélanger et donne à la pâte une meilleure consistance.

e) Vaporisez généreusement une poêle ou une plaque chauffante antiadhésive d'huile végétale et faites chauffer à feu moyen.

f) Une fois la poêle chaude, ajoutez la pâte à l'aide d'une tasse à mesurer de $\frac{1}{4}$ de tasse et versez la pâte dans la poêle pour faire la crêpe. Utilisez la tasse à mesurer pour vous aider à façonner la crêpe.

g) Cuire jusqu'à ce que les côtés semblent pris et que des bulles se forment au milieu (environ 2 à 3 minutes), puis retourner la crêpe.

h) Une fois la crêpe cuite de ce côté, retirez-la du feu et placez-la sur une assiette.

89. Crêpes au chai

Ingrédients:

- 1½ tasse de farine de quinoa
- 1½ cuillère à café de levure chimique
- 1 cuillère à café de bicarbonate de soude
- 1 cuillère à café de cannelle
- ¾ cuillère à café de cardamome moulue
- Une généreuse pincée de clous de girofle moulus
- ½ cuillère à café de gingembre moulu
- ½ cuillère à café de piment de la Jamaïque moulu
- ½ cuillère à café de sel
- 2 gros œufs battus
- 2 cuillères à soupe d'huile de coco, fondue
- 1¼ tasse de kéfir nature
- ¼ tasse de sirop d'érable
- 1 cuillère à café d'extrait de vanille

Instructions

a) Dans un grand bol, ajoutez la farine, la levure chimique, le bicarbonate de soude, la cannelle, la cardamome, les clous de girofle, le gingembre, le piment de la

Jamaïque et le sel et fouettez pour bien mélanger.

b) Dans un autre bol, fouettez les œufs, l'huile de coco, le kéfir, le sirop d'érable et la vanille jusqu'à ce que le tout soit bien mélangé. L'huile de coco fondue peut durcir lorsqu'elle est mélangée à des ingrédients plus froids, vous pouvez donc légèrement réchauffer le kéfir pour éviter que cela ne se produise si vous le souhaitez.

c) Ajoutez les ingrédients humides aux ingrédients secs et fouettez jusqu'à ce que le tout soit bien mélangé.

d) Laissez reposer la pâte 2 à 3 minutes. Cela permet à tous les ingrédients de se mélanger et donne à la pâte une meilleure consistance.

e) Vaporisez généreusement une poêle ou une plaque chauffante antiadhésive d'huile végétale et faites chauffer à feu moyen.

f) Une fois la poêle chaude, ajoutez la pâte à l'aide d'une tasse à mesurer de $\frac{1}{4}$ de tasse et versez la pâte dans la poêle pour faire la crêpe. Utilisez la tasse à mesurer pour vous aider à façonner la crêpe.

g) Cuire jusqu'à ce que les côtés semblent pris et que des bulles se forment au milieu (environ 2 à 3 minutes), puis retourner la crêpe.

h) Une fois la crêpe cuite de ce côté, retirez-la du feu et placez-la sur une assiette.

90. Crêpes au gâteau aux carottes

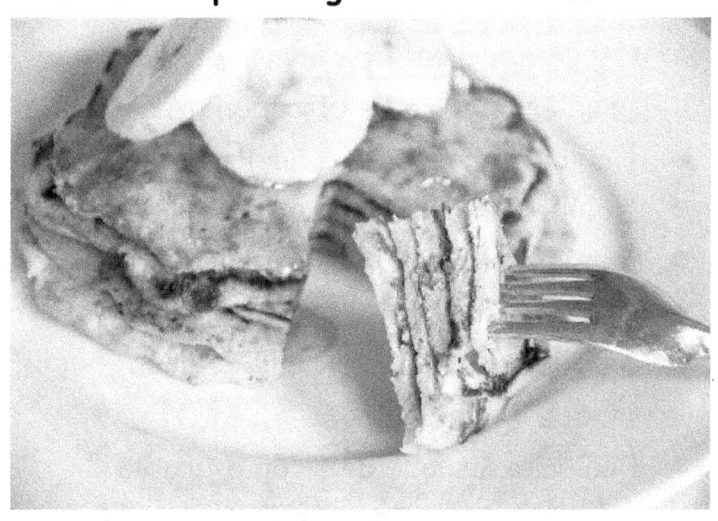

Ingrédients:

- 1½ tasse de flocons d'avoine à l'ancienne
- 1½ cuillère à café de levure chimique
- 1 cuillère à café de bicarbonate de soude
- ½ cuillère à café de cannelle
- ¼ cuillère à café de sel
- Pincée de noix de muscade
- 1 gros œuf
- 2 cuillères à soupe d'huile de coco, fondue
- 1 cuillère à soupe de sirop d'érable
- 1 cuillère à café d'extrait de vanille
- 1¼ tasse de lait faible en gras à 2 %
- 1½ tasse de carottes finement râpées
- ½ tasse de raisins secs dorés hachés
- ½ tasse de noix hachées

Instructions

a) Ajoutez tous les ingrédients, à l'exception des carottes, des raisins secs et des noix, dans un mixeur. L'huile de coco fondue peut durcir lorsqu'elle est mélangée à des ingrédients plus froids, vous pouvez donc réchauffer légèrement le lait pour éviter que cela ne se produise si vous le souhaitez.

b) Mixez le tout au mixeur jusqu'à obtenir un liquide lisse.

c) Versez la préparation à crêpes dans un grand bol.

d) Ajoutez les carottes, les raisins secs et les noix à la pâte et remuez bien.

e) Laissez reposer la pâte pendant 5 à 10 minutes. Cela permet à tous les ingrédients de se mélanger et donne à la pâte une meilleure consistance.

f) Vaporisez généreusement une poêle ou une plaque chauffante antiadhésive d'huile végétale et faites chauffer à feu moyen.

g) Une fois la poêle chaude, ajoutez la pâte à l'aide d'une tasse à mesurer de $\frac{1}{4}$ de tasse et versez la pâte dans la poêle pour faire la crêpe. Utilisez la tasse à mesurer pour vous aider à façonner la crêpe.

h) Cuire jusqu'à ce que les côtés semblent pris et que des bulles se forment au milieu, puis retourner la crêpe.

i) Une fois la crêpe cuite de ce côté, retirez-la du feu et placez-la sur une assiette.

91. Pancakes à la banane et au miel

Ingrédients:

- 1 banane mûre, plus pour servir
- 2 gros œufs
- 1 cuillère à soupe de miel
- ½ cuillère à café de levure chimique
- Sirop d'érable, pour servir

Instructions

a) Ajoutez la banane dans un bol et écrasez-la jusqu'à ce qu'elle soit bien crémeuse, sans grumeaux.

b) Cassez les œufs dans un autre bol et fouettez jusqu'à ce qu'ils soient bien mélangés.

c) Ajoutez le miel et la levure chimique dans le bol de bananes, puis versez les œufs. Fouettez pour bien mélanger le tout.

d) Vaporisez généreusement une poêle ou une plaque chauffante antiadhésive d'huile végétale et faites chauffer à feu moyen.

e) Une fois la poêle chaude, ajoutez 2 cuillères à soupe de pâte dans la poêle pour faire la crêpe.

f) Cuire jusqu'à ce que les côtés semblent pris (vous ne verrez pas de bulles), puis retourner soigneusement la crêpe.
g) Une fois la crêpe cuite de ce côté, retirez la crêpe du feu et placez-la sur une assiette.
h) Continuez ces étapes avec le reste de la pâte.
i) Garniture aux bananes et sirop d'érable.

92. Pancakes à la banane et aux myrtilles

Ingrédients:

- 1 tasse de farine d'épeautre
- ½ cuillère à café de levure chimique
- ½ cuillère à café de bicarbonate de soude
- 1 banane moyenne mûre, écrasée
- ¾ tasse de yaourt grec nature
- ¼ tasse + 2 cuillères à soupe de lait écrémé à 2 %
- 1 gros œuf
- 2 cuillères à soupe de sirop d'érable
- ½ tasse de bleuets

Instructions

a) Ajoutez la farine, la levure chimique et le bicarbonate de soude dans un bol et fouettez pour mélanger.

b) Dans un autre bol, fouettez la banane écrasée, le yaourt, le lait, l'œuf et le sirop d'érable jusqu'à ce que le tout soit bien mélangé.

c) Ajoutez les ingrédients humides aux ingrédients secs et fouettez jusqu'à ce que le tout soit bien mélangé.

d) Incorporer délicatement les myrtilles.

e) Laissez reposer la pâte 2 à 3 minutes. Cela permet à tous les ingrédients de se mélanger et donne à la pâte une meilleure consistance.

f) Vaporisez généreusement une poêle ou une plaque chauffante antiadhésive d'huile végétale et faites chauffer à feu moyen.

g) Une fois la poêle chaude, ajoutez la pâte à l'aide d'une tasse à mesurer de $\frac{1}{4}$ de tasse et versez la pâte dans la poêle pour faire la crêpe. Utilisez la tasse à mesurer pour vous aider à façonner la crêpe.

h) Cuire jusqu'à ce que les côtés semblent pris et que des bulles se forment au milieu (environ 2 à 3 minutes), puis retourner la crêpe.

i) Une fois la crêpe cuite de ce côté, retirez-la du feu et placez-la sur une assiette.

j) Continuez ces étapes avec le reste de la pâte.

93. Pancakes aux pommes et à la cannelle

Ingrédients:

- 1¾ tasse de flocons d'avoine à l'ancienne
- 1½ cuillère à café de levure chimique
- 1 cuillère à café de bicarbonate de soude
- ¼ cuillère à café de cannelle
- ¼ cuillère à café de sel
- 1 tasse de compote de pommes
- 2 cuillères à soupe d'huile de coco, fondue
- 1 cuillère à soupe de sirop d'érable
- 1 gros œuf
- 1 cuillère à café d'extrait de vanille
- ½ tasse de lait écrémé à 2 %

Instructions

a) Ajoutez tous les ingrédients dans le mixeur. L'huile de coco fondue peut durcir lorsqu'elle est mélangée à des ingrédients plus froids, vous pouvez donc légèrement réchauffer le lait pour éviter que cela ne se produise si vous le souhaitez.

b) Mixez le tout au mixeur jusqu'à obtenir un liquide lisse.

c) Versez la pâte à crêpes dans un grand bol.
d) Laissez reposer la pâte pendant 5 à 10 minutes. Cela permet à tous les ingrédients de se mélanger et donne à la pâte une meilleure consistance.
e) Vaporisez généreusement une poêle ou une plaque chauffante antiadhésive d'huile végétale et faites chauffer à feu moyen.
f) Une fois la poêle chaude, ajoutez la pâte à l'aide d'une tasse à mesurer de $\frac{1}{4}$ de tasse et versez la pâte dans la poêle pour faire la crêpe. Utilisez la tasse à mesurer pour vous aider à façonner la crêpe.
g) Cuire jusqu'à ce que les côtés semblent pris et que des bulles se forment au milieu (environ 2 à 3 minutes), puis retourner la crêpe.
h) Une fois la crêpe cuite de ce côté, retirez-la du feu et placez-la sur une assiette.
i) Continuez ces étapes avec le reste de la pâte.

94. Crêpes au cheesecake aux fraises

Ingrédients:

- 1 tasse de farine d'épeautre
- 2 cuillères à soupe de mélange à pudding à la vanille sans sucre
- ½ cuillère à café de levure chimique
- ½ cuillère à café de bicarbonate de soude
- ¾ tasse de yaourt grec nature
- ½ tasse + 2 cuillères à soupe de lait écrémé à 2 %
- 1 gros œuf
- 2 cuillères à soupe de sirop d'érable
- 1 tasse de fraises finement tranchées

Instructions

a) Ajoutez la farine, le mélange à pudding, la levure chimique et le bicarbonate de soude dans un bol et fouettez pour mélanger.

b) Dans un autre bol, fouettez le yaourt, le lait, l'œuf et le sirop d'érable jusqu'à ce que le tout soit bien mélangé.

c) Ajoutez les ingrédients humides aux ingrédients secs et fouettez jusqu'à ce que le tout soit bien mélangé.

d) Incorporez délicatement les fraises.

e) Laissez reposer la pâte 2 à 3 minutes. Cela permet à tous les ingrédients de se mélanger et donne à la pâte une meilleure consistance.

f) Vaporisez généreusement une poêle ou une plaque chauffante antiadhésive d'huile végétale et faites chauffer à feu moyen.

g) Une fois la poêle chaude, ajoutez la pâte à l'aide d'une tasse à mesurer de $\frac{1}{4}$ de tasse et versez la pâte dans la poêle pour faire la crêpe. Utilisez la tasse à mesurer pour vous aider à façonner la crêpe.

h) Cuire jusqu'à ce que les côtés semblent pris et que des bulles se forment au milieu (environ 2 à 3 minutes), puis retourner la crêpe.

i) Une fois la crêpe cuite de ce côté, retirez-la du feu et placez-la sur une assiette.

j) Continuez ces étapes avec le reste de la pâte.

95. Crêpes aux myrtilles

Ingrédients:

- 1¾ tasse de flocons d'avoine à l'ancienne
- 1½ cuillère à café de levure chimique
- 1 cuillère à café de bicarbonate de soude
- ½ cuillère à café de cannelle
- ¼ cuillère à café de sel
- 1 gros œuf
- 2 cuillères à soupe d'huile de coco, fondue
- 1 cuillère à soupe de sirop d'érable
- 1 cuillère à café d'extrait de vanille
- 1¼ tasse de lait faible en gras à 2 %
- ½ tasse de bleuets

Instructions

a) Ajoutez tous les ingrédients, sauf les myrtilles, dans le mixeur. L'huile de coco fondue peut durcir lorsqu'elle est mélangée à des ingrédients plus froids, vous pouvez donc légèrement réchauffer le lait pour éviter que cela ne se produise si vous le souhaitez.

b) Mixez le tout au mixeur jusqu'à obtenir un liquide lisse.

c) Versez la préparation à crêpes dans un grand bol.
d) Incorporer délicatement les myrtilles.
e) Laissez reposer la pâte pendant 5 à 10 minutes. Cela permet à tous les ingrédients de se mélanger et donne à la pâte une meilleure consistance.
f) Vaporisez généreusement une poêle ou une plaque chauffante antiadhésive d'huile végétale et faites chauffer à feu moyen.
g) Une fois la poêle chaude, ajoutez la pâte à l'aide d'une tasse à mesurer de $\frac{1}{4}$ de tasse et versez la pâte dans la poêle pour faire la crêpe. Utilisez la tasse à mesurer pour vous aider à façonner la crêpe.
h) Cuire jusqu'à ce que les côtés semblent pris et que des bulles se forment au milieu (environ 2 à 3 minutes), puis retourner la crêpe.
i) Une fois la crêpe cuite de ce côté, retirez-la du feu et placez-la sur une assiette.

j) Continuez ces étapes avec le reste de la pâte.

96. Pancakes à la fraise et à la banane

Ingrédients:

- 1 tasse de farine d'épeautre
- ½ cuillère à café de levure chimique
- ½ cuillère à café de bicarbonate de soude
- ¾ tasse de yaourt grec nature
- 1 banane moyenne mûre, écrasée
- ½ tasse + 2 cuillères à soupe de lait écrémé à 2 %
- 1 gros œuf
- 2 cuillères à soupe de sirop d'érable
- ¾ tasse de fraises tranchées

Instructions

a) Ajoutez la farine, la levure chimique et le bicarbonate de soude dans un bol et fouettez pour mélanger.

b) Dans un autre bol, fouettez le yaourt, la banane écrasée, le lait, l'œuf et le sirop d'érable jusqu'à ce que le tout soit bien mélangé.

c) Ajoutez les ingrédients humides aux ingrédients secs et fouettez jusqu'à ce que le tout soit bien mélangé.

d) Incorporez délicatement les fraises.

e) Laissez reposer la pâte 2 à 3 minutes. Cela permet à tous les ingrédients de se mélanger et donne à la pâte une meilleure consistance.

f) Vaporisez généreusement une poêle ou une plaque chauffante antiadhésive d'huile végétale et faites chauffer à feu moyen.

g) Une fois la poêle chaude, ajoutez la pâte à l'aide d'une tasse à mesurer de $\frac{1}{4}$ de tasse et versez la pâte dans la poêle pour faire la crêpe. Utilisez la tasse à mesurer pour vous aider à façonner la crêpe.

h) Cuire jusqu'à ce que les côtés semblent pris et que des bulles se forment au milieu (environ 2 à 3 minutes), puis retourner la crêpe.

i) Une fois la crêpe cuite de ce côté, retirez-la du feu et placez-la sur une assiette.

j) Continuez ces étapes avec le reste de la pâte.

97. Crêpes aux pêches et à la crème

Ingrédients:

- 1¾ tasse de flocons d'avoine à l'ancienne
- 2 cuillères à soupe de mélange à pudding à la vanille sans sucre
- 1½ cuillère à café de levure chimique
- 1 cuillère à café de bicarbonate de soude
- ½ cuillère à café de cannelle
- ¼ cuillère à café de sel
- 1 cuillère à soupe de beurre fondu
- 1 gros œuf
- ¼ tasse de lait faible en gras à 2 %
- 1 cuillère à café d'extrait de vanille
- 2 tasses de pêches pelées et tranchées (si vous utilisez des pêches surgelées, décongelez-les d'abord)

Instructions

a) Ajoutez tous les ingrédients dans un mixeur.
b) Mixez le tout au mixeur jusqu'à obtenir un liquide lisse.
c) Versez la pâte à crêpes dans un grand bol.
d) Laissez reposer la pâte pendant 5 à 10 minutes. Cela permet à tous les

ingrédients de se mélanger et donne à la pâte une meilleure consistance.

e) Vaporisez généreusement une poêle ou une plaque chauffante antiadhésive d'huile végétale et faites chauffer à feu moyen-doux.

f) Une fois la poêle chaude, ajoutez la pâte à l'aide d'une tasse à mesurer de $\frac{1}{4}$ de tasse et versez la pâte dans la poêle pour faire la crêpe. Utilisez la tasse à mesurer pour vous aider à façonner la crêpe.

g) Cuire jusqu'à ce que les côtés semblent pris et que des bulles se forment au milieu (environ 2 à 3 minutes), puis retourner la crêpe.

h) Une fois la crêpe cuite de ce côté, retirez-la du feu et placez-la sur une assiette.

i) Continuez ces étapes avec le reste de la pâte.

98. Crêpes au pain aux bananes

Ingrédients:

- 1 tasse de farine d'épeautre
- ½ cuillère à café de levure chimique
- ½ cuillère à café de bicarbonate de soude
- ¾ tasse de yaourt grec nature
- 1 banane moyenne mûre, écrasée
- ½ tasse + 2 cuillères à soupe de lait écrémé à 2 %
- 1 gros œuf
- 2 cuillères à soupe de sirop d'érable

Instructions

a) Ajoutez la farine, la levure chimique et le bicarbonate de soude dans un bol et fouettez pour mélanger.

b) Dans un autre bol, fouettez le yaourt, la banane écrasée, le lait, l'œuf et le sirop d'érable jusqu'à ce que le tout soit bien mélangé.

c) Ajoutez les ingrédients humides aux ingrédients secs et fouettez jusqu'à ce qu'ils soient combinés.

d) Laissez reposer la pâte 2 à 3 minutes. Cela permet à tous les ingrédients de se

mélanger et donne à la pâte une meilleure consistance.

e) Vaporisez généreusement une poêle ou une plaque chauffante antiadhésive d'huile végétale et faites chauffer à feu moyen.

f) Une fois la poêle chaude, ajoutez la pâte à l'aide d'une tasse à mesurer de $\frac{1}{4}$ de tasse et versez la pâte dans la poêle pour faire la crêpe. Utilisez la tasse à mesurer pour vous aider à façonner la crêpe.

g) Cuire jusqu'à ce que les côtés semblent pris et que des bulles se forment au milieu (environ 2 à 3 minutes), puis retourner la crêpe.

h) Une fois la crêpe cuite de ce côté, retirez-la du feu et placez-la sur une assiette.

i) Continuez ces étapes avec le reste de la pâte.

99. Crêpes tropicales

Ingrédients:
- 1¾ tasse de flocons d'avoine à l'ancienne
- 1½ cuillère à café de levure chimique
- 1 cuillère à café de bicarbonate de soude
- ½ cuillère à café de cannelle
- ¼ cuillère à café de sel
- 1 banane moyenne mûre, écrasée
- 2 cuillères à soupe d'huile de coco, fondue
- 1 cuillère à soupe de sirop d'érable
- 1 gros œuf
- 1 cuillère à café d'extrait de vanille
- ¾ tasse de lait faible en gras à 2 %
- ½ tasse de lait de coco entier en conserve
- ½ tasse d'ananas coupé en petits dés (si vous l'utilisez surgelé, assurez-vous qu'il a été décongelé)
- ½ tasse de mangue finement coupée en dés (si vous l'utilisez congelée, assurez-vous qu'elle a été décongelée)

Instructions

a) Ajoutez tous les ingrédients, sauf l'ananas et la mangue, dans un mixeur. L'huile de coco fondue peut durcir lorsqu'elle est mélangée à des ingrédients plus froids, vous pouvez donc légèrement réchauffer le lait pour éviter que cela ne se produise si vous le souhaitez.

b) Mixez le mélange au mixeur jusqu'à obtenir un liquide lisse.

c) Versez la pâte à crêpes dans un grand bol.

d) Incorporer l'ananas et la mangue.

e) Laissez reposer la pâte pendant 5 à 10 minutes. Cela permet à tous les ingrédients de se mélanger et donne à la pâte une meilleure consistance.

f) Vaporisez généreusement une poêle ou une plaque chauffante antiadhésive d'huile végétale et faites chauffer à feu moyen-doux.

g) Une fois la poêle chaude, ajoutez la pâte à l'aide d'une tasse à mesurer de $\frac{1}{4}$ de tasse et versez la pâte dans la poêle pour faire la crêpe. Utilisez la tasse à mesurer pour vous aider à façonner la crêpe.

h) Cuire jusqu'à ce que les côtés semblent pris et que des bulles se forment au milieu (environ 2 à 3 minutes), puis retourner la crêpe.

i) Une fois la crêpe cuite de ce côté, retirez-la du feu et placez-la sur une assiette.

100. Crêpes parfaites

Rendement : 4 à 6 portions

Ingrédients:

- 1 ½ tasse de farine tout usage
- 3 ½ cuillères à café de levure chimique
- ½ cuillère à café de sel
- 1 cuillère à soupe de sucre
- 1 ¼ tasse de lait
- 1 oeuf
- 3 cuillères à soupe de beurre fondu (facultatif)

Instructions

a) Dans un grand bol, tamiser ensemble la farine, la poudre à pâte, le sel et le sucre.

b) Faites un puits au milieu et versez-y le lait, l'œuf et le beurre fondu ; mélangez à la fourchette ou au fouet jusqu'à obtenir une consistance lisse.

c) Faites chauffer une plaque chauffante ou une grande poêle à feu moyen-élevé (je règle ma plaque chauffante à 375 °F).

d) Versez ou prélevez ¼ de tasse de pâte pour chaque crêpe. Attendez que des bulles se forment pour retourner.

e) Faire dorer de l'autre côté et servir avec du beurre et du sirop de myrtilles.

CONCLUSION

Certaines des recettes de ce livre permettent de préparer quatre portions de crêpes. Si vous ne nourrissez pas beaucoup de monde, pas de soucis : vous pouvez congeler les crêpes pour plus tard. Préparez simplement les crêpes comme vous le faites habituellement. Laissez-les refroidir complètement, puis disposez-les entre des morceaux de papier sulfurisé. Glissez les crêpes dans un sac à fermeture éclair et placez-les au congélateur. Pour les réchauffer, vous pouvez faire deux choses. Vous pouvez les laisser décongeler, puis les réchauffer dans une poêle ou mettre les crêpes congelées au micro-ondes pendant une minute. N'oubliez pas de retirer le papier sulfurisé, quelle que soit la méthode que vous utilisez. S'il existe une garniture qui convient à la recette des crêpes que vous congelez, vous pouvez préparer la garniture et la réfrigérer jusqu'à une semaine. Sinon,

vous devrez préparer la garniture fraîche
lorsque vous réchaufferez les crêpes.

www.ingramcontent.com/pod-product-compliance
Lightning Source LLC
Chambersburg PA
CBHW070458120526
44590CB00013B/680